だいわ文庫

老親の家を片づける ついでにわが家も片づける

阿部絢子

大和書房

はじめに

収納スペースが多いほどキケン！ 60代の家がゴミ屋敷予備軍

　このところ立て続けに、シニア向けの雑誌やテレビで「片づけ」がテーマの仕事をする機会があった。そのために、モノが多くて片づけに悩む家の写真をたくさん見ることになったのだが、たしかに、どの家もモノが溢れている。

　それぞれの取材で、その中から数軒を選び、実際にお宅にお邪魔し、片づけのアドバイスと片づけ実施をすることになった。

　リフォーム予定の家やマンション、一度リフォーム済みの家やマンション、親の家を大片づけした経験のある家、親と同居予定の家等々だったが、すべて六十代夫婦で、団塊世代か、それより少し若い年齢の組み合わせであった。

　大人になった子どもと一緒に住んでいる家もあれば、子どもは独立して夫婦二人だけという家。夫婦共まだ現役の家もあれば、リタイアの夫と専業主婦の妻、あるいは夫がリタイアで妻はまだ現役と、家族構成と背景は様々なのだが、実際に訪問してみると、予想をはるかに超えたモノの分量に圧倒されてしまった。

驚いたのは、リフォームをした数軒の家が共通して、「リフォームしたのはいつのこと？」というほど、リフォームの面影すら探すのが難しかったことだ。

リビングにはモノがハミ出し、収拾がつかなくなって購入した、色も形も違う収納家具や収納ボックスが所狭しと置かれ、通路を塞《ふさ》いでいる。

キッチンはというと、シンク前、調理台の上、棚の上、床、少しでも置けそうな場所にはすべて食品や調理小物類が置かれて、上には埃がたまっていた。

リフォームがきれいなままだったのは、どれくらいの期間だったのか……。

いずれも数年というが、どうすればこんなにモノが増えるのだろう？　機能的なワードローブ、隙間をフル活用した収納スペースには、モノがびっしりと押し込まれていた。掃除機は廊下にハミ出し、何と五台もある家もあった。広い一軒家では、何カ所もある押入れや納戸がむしろアダになっていた。大量の大中小の紙袋、トイレットペーパーやティッシュペーパー。同じような家電類。旅館かと見間違うほどの布団、毛布、タオルケットなどの寝具類。ワードローブは二十人分ほどもあるかと思うほど洋服が積み重なっている。

そして家の外にある大きな物置には、活用していないモノ・モノが！

これらの家は、最近よく言われる八十〜九十代の家ではない。まだまだ先の六十代だ。

何ということだ。団塊世代の家がゴミ屋敷予備軍だったとは！

なぜそうなるのか？　要因は二つあると思う。

一つは、「消費生活世代」だということだ。高度経済成長の申し子であり、**消費することが豊かさの証、モノを買うことが悦びという習慣が刷り込まれている。だから買うのが大好き、やめられない。**老年になっても買い続けるうえに、モノがない時代に育った「もったいなくてモノが捨てられない」世代の親から、片づけの方法を教わっていない。**つまり「片づけ力」が身についていないのだ。**

二つめは、日本人の農耕民族ＤＮＡだ。一年かけて育て収穫した米は大切に保存し、決して無駄にはしない。一度手に入れたものは、もったいなくて手放せないのだ。

この二つの要因に「老い」が加わり、どんなに広い納戸や押入れ、クローゼット、物置などがあろうが、どんなに優れた収納グッズがあろうが、増える一方のモノは行き場を失い、散乱するしかない。

暮らしには「片づけ力」が欠かせない。

それがなければ、老いと共にゴミ屋敷化が加速する。親の家の片づけ体験をもとに、この本でわが家の実態も披露するが、もしかしたら、これはわが家だけのことではなく、あなたの家のことかもしれない。

老いと片づけの問題を考える参考にしていただければ幸いである。

老親の家を片づける　ついでにわが家も片づける

目次

その1

セキララ片づけ奮闘記

母89歳、熱中症で倒れる

いつの間に⁉　実家が散らかり放題！

母の退院前に急いで片づけなければ！

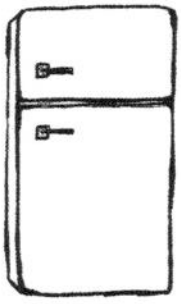

親は子に片づけられたくない

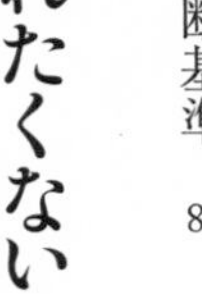

ついでにわが家を片づける

その2

一筋縄ではいかぬ　老いの片づけ

親も老いたが周りも老いた

やさしい娘より冷酷な娘でいい

老いたら人の手を借りずに暮らせない

その3

「片づけ力」を身につけて老いる

親の老いで変わるきょうだいの関係

片づけられないと一人で生きられない

おわりに

その1

セキララ片づけ奮闘記

母89歳、熱中症で倒れる

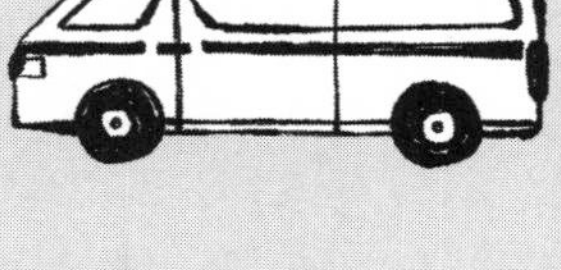

80代になっても、ピンピン元気で安心していたら……

ある日のことである。突然、実家近所のクリニックから連絡が入った。

「お母さんが、今とても心配な熱中症の症状で緊急入院しました。急ぎ病院までお越しください！」

これまで母はずっと元気だった。血圧が多少高いくらいで、風邪はよくひくが、入院するまでの病気などしたことがない。

それがどうしたのか……胸がざわついた。

ちょうど新しい職場で始めたばかりの仕事に穴をあけるわけにもいかず、仕事を終えた翌日に心配しいしい駆けつけた。

熱中症はともすると手遅れにもなりかねない。病室に入るやいなや、顔色を見る。

うああ、もうダメかなあ。

医師の話でも、年齢が年齢ですから、どうでしょうか、と言う。

私とわかっているようだが、「昨日、天皇皇后両陛下（現上皇上皇后）が、お見舞いに見えられた」などと、あり得ないことを口走り、「今日も真っ暗な、地下に入れられ、寒くて眠れなかった」とうわ言のように話す。

ああ〜やっぱり。胸の鼓動を打つドック、ドックという音が聞こえた。

覚悟を決めようと、葬儀、出棺時の会葬御礼の挨拶文を一生懸命に考えた。

今から五年前の夏のことである。

母は、当時八十九歳。結婚後、すぐに夫を戦争に送り出し、米国の本土攻撃が激しくなってきた昭和二十年六月に第一子（私）を出産。

戦火での子育てと、迎えた終戦。しばらくして、戦地から夫の帰還。その後第二・三子（弟・妹）誕生。三人の子育てに追われる。

平凡な主婦暮らし。しかし、子育て中に出合った華道が、その後、母の息抜き、生きがいとなり、華道一筋の人生へとのめり込んでいった。

女二人男一人の子どもは、手元に息子が残り、娘二人は十八歳から独立して東京で暮らす。

大正生まれには珍しく、整理整頓、掃除好き、買い物好きだった夫は、十一年前に八十三歳で亡くなり、その後は息子との二人暮らし。

夫に代わり、男手として頼りとなるはずだった息子は、身のまわりのことしか出来ず、夫より手がかかるのだが、母にとってはたった一人の不憫《ふびん》な息子なのだ。

だから母は、食事から家事一切を引き受け、大好きな華道に打ち込み、八十九歳という年齢を忘れ、また自分の体力・気力の変化にも気づかず、とにかく毎日を一生懸命に過ごしてきた。

それは生きる姿勢としては大事なことだが、自分の老いと向き合わず、見過ごしていた結果が入院であり、呼び出されるのは遠くに暮らす娘二人である。

姉妹二人とも、六十歳を過ぎても働けるうちは働かなければと、私は新しい職場に就いたばかりだ。ここで、母が入院しましたからと、休みを貰うわけにもいかない。といって、親の状態も気にかかる。

働きながら親の面倒をみなくてはならない、しかも遠方に住んでいるとしたら、働かないと暮らせない人は、親を放り出すわけにもいかず、いったい、どうしたらいいのだろう。

いずれにせよ、そのとき私は、働けるうちは働くことを優先させる決心を自分に再確認したことを覚えている。

忙しさを言い訳に、母の日常生活をまるで知らなかった

私は親と一緒に住んでいるわけではない。年に一回か二回、家に帰るだけだった。

それも、六十代の初め頃までは、お正月さえボランティアの旅に行き、帰省することもなかった。自分も年を重ね、ちょっぴり親の老いがわかってきた近頃、ようやく、一年に一、二回は必ず帰ることにしたくらいだ。

私自身、いつもバタバタと走りまわっているせいで、親の家がどうなっているかなど、目を凝らしてみることもなく、何処に汚れが溜まっているのかも、見逃しているのが実情だった。

当時、母は息子と一緒に暮らしていたので、買い物、ゴミ出しなどの手伝い

程度はしてくれていると、私は勝手に思い込んでいた。

事実、久しぶりの帰省でも、以前と同じだと、室内や台所を見ていてもまったく違和感すら覚えなかったのだ。これが大きな間違いだったと、後で気がつくことになる。帰る日についてはいつも前もって連絡していたので、帰ったときにはスッキリではないけれど、まあがまんできるほどには片づいていたからである。

たぶん私が帰るのに合わせて、大慌てでとりあえず押入れに押し込むとか、隠したりとか、何とかごまかしていたのだろう。

……と書きながら、いやそうではない。私は薄々気づきながら、見て見ぬふり、気づかないふりをしていたのかもしれない。

二〇一〇年八月、熱中症での入院にアタフタと駆けつけ、病状を医師から聞いたあと家のなかに入った途端、その異変に気がついた。

家は玄関を上がった左手に廊下があり、小さな庭に面してガラス戸がある。しかし、その廊下全部に何だかわからないモノがうずたかく積み上げられ、ガラス戸は開けられず、閉め切ったままで上からカーテンに覆《おお》われていた。

そのとき一緒に家にいたはずの息子はというと、母の入院で動転しているのか、それとも病気（統合失調症）のせいか、興奮気味で訳のわからないことを口走って、ウロウロしている。

台所に行けば、ゴミは出しっ放し、食材は乱雑に置きっ放し、冷蔵庫は詰め放題、といった状況だったのだ。かろうじて整っていたのが居間だろうか。

あとの部屋は、これまでやや空間が見えていた状態とは程遠く、どこもかしこもホコリが溜まり、汚れがこびり付き、どう見ても目配りしているとは思えない状態だった。多分、これが日常の状態だったのだろう。

それほど母は、目いっぱいで暮らしていたのか。

一年や二年の期間ではこうはならないと思うほど片づけをしなかったのであろう。そんな暮らしぶりが、そこには広がっていた。

しかし、これをどうしたらいいのか……。あまりの現実に呆然とし、そのとき私にすら考えつかなかった。仕事の都合がどうしてもつかず、妹とバトンタッチして、慌しく私は二日後自宅に戻った。

頭のなかにあったのは、葬儀の準備と会葬御礼の文章のことばかりだった。

そのとき初めて気づいた実家の散らかり具合

再び郷里に帰り、母を見舞った。すると先日よりはグンとよくなっている。医師の話でも、しばらく静養をすれば、家に帰れるかもしれないとのことだった。

ええ！　わあ～大変だ！

あの家に戻ってくる。ということは、あの汚い家のまま住んでは、再び熱中症だ。どうしたものか？

家に戻り、シミジミと眺めながら考えた。

いつからこんなに台所がゴミだらけになったのか……？

どうやったら廊下にこんなに多くのモノが積み上げられていくのか……？

どうして廊下に傘が何十本もあるのか……？

洋服ダンスを開いてみた。すると亡くなって十一年も経つ、父の背広がそのままなのだった。これでは自分の洋服が入らないわけだ。

廊下にあるモノといえば、使用不可能な足踏みミシン。その上には華道用材料、道具、書籍がドッサリと積み上がっている。そして、廊下の突き当たりには、使うのか、使わないのか訳のわからない花器が、これまたゴッソリと眠っている。

玄関近くの廊下の「数十本」もの傘は、いったい全体、どうして置きっ放しになっているんだろう。

私は、想像してみた。**「とりあえず、ちょっとここに」ということが、積み重なっていったのではないか。**

そういえば、私の友人にもいた。玄関を入ると、すぐに二階へ上がる階段があるが、その階段に、「ちょっとここに置くだけ」と豆腐を置いたという。

そのままスッカリ忘れて数年経ち、引っ越しのとき、化石状態になったモノが出現。スワッ宝物か！　と喜んだら、豆腐のミイラ化だったそう。

友人曰《いわ》く、「とにかく忙しかったのよ。子育て、絵画教室、自分の展覧会、それに家事でしょ。あの頃は目が回るほど忙しかったから、忘れるのも仕方ないわね。ハハハ。それにしても、驚いた」。

母も同じような状態だったのだろう。父が亡くなってからずっと、走りに走っていたから、こんな状態になるのも当たり前だ。

これでは、どこに何があるのか、まったくわからないだろう。

これからは、忙しいを理由に、「とりあえず置く」をやめなければ、また同じようにモノは積み上がる。いつまでたっても、それではイタチゴッコだ。

果たして出来るかどうか……まずは、台所からでも始めてみるか、と私は台所の整理に取りかかることにした。

「その気になれば片づけられる」のワナ

老いても元気な人は、体力を過信して、実力以上に頑張ってしまう。老いていることを忘れているのではないだろうか。

母もその一人だ。第二次世界大戦時に青春を過ごし、もちろん、食料も満足とはいえない中を過ごしてきたのだから、そもそも、身体の土台が違っている。元気印が額にしっかりくっついているのだ。

少々無理をすればなんとかなる、と思っているところがある。廊下にモノがあっても、そのうち片づければいいや、くらいに思っていたのだろう。

ドッコイ、そうはいかない。身体は正直だ。無理をしたぶん跳ね返りもある。その跳ね返りは、若いときより大きいはずだ。それを過信して、あるいは

「自分は大丈夫だ」と無視している。

母を見ていると、老いて元気なのはいいが、気持ちと実際の体力のバランスに欠けているかなと思うことがしばしばある。

たとえば趣味の華道だ。高齢になっても、先生について勉強し続けるのはいいことだ。だが一直線に習い、教えるということばかりではどうだろう。

散歩しながらの花や草、旅行しての森林、海岸を歩いて波の景色、波の音を聴き、そこから想像される風景に自分を置くことは自然とも触れ合う。また書物を読み、イメージを膨らませることがイキイキとした自然界と親しむことにもならないか。華道とはいっても、自然との触れ合い無くして、華の道はないのではないだろうか、と私は思う。

作品を創作するばかりの華道は「道」ではないように思う。というのは、母たちの華道は、花を生けるために、まず、その土台に木材、流木、石、粘土などを使い、そこに針金などで花器を取りつける大工仕事をするのだ。

それは、創造力の前にまず体力というか筋力勝負！　といったものだ。体力の消耗はいかばかりか。これが、母のいう華道なのだという。私のイメージする華道といえば、床の間に生花、これが華道だ。もちろん、それが基本だと母も言うが、それだけではないとも断言する。

まあそれでもいいが……しかし、老いて華道をするのであれば、これまでのような華道ではなく、自分の体力・気力・集中力などを考慮して、見合った努力をしたほうがいいと、私は思う。

家が汚れ、モノが積み上がったなかで、どんなに見事な生花を習い、また飾っても、それは美しいとは言えないだろう。整然とした床の間、整然とした空間にこそ生花は映え、技として学んだ華道も活き、花も生きて感じられる。これが日本の美ではないか。

それをゴチャゴチャのモノと一緒にしては、草花に失礼だ。その精神を忘れ作品を制作するだけの道は、私に言わせれば体力の無駄遣いというものだ。

初心に戻り、自分が長年かかわってきた華道とはいったい何だったのかを、再度問い質《ただ》さなければと、台所を片づけながら、こんなことを思っていた。

年齢と共に後回しになる片づけ

老いても生きがいを持つことはいいことだと思う。俳句、絵画、書道、茶道、華道、ダンス、コーラス、英会話、マラソン、山登りなど、何か趣味、やりたいことを持って生きることは、日々を充実させることになる。

かつて働いているときは、仕事そのものが生きがいであっても、仕事から退いたとき日々何もすることが無いのはつらい。

七十二歳で仕事を退いた父は、趣味と呼ばれるようなことを持っていなかった。家を片づけ、写真などを整理し、巣立った子どもが置いていった雑誌や書物などを片づけたりしたが、それも数カ月あれば終わりになる。その後は手持ち無沙汰の毎日となってしまった。

一日は長い。自転車での買い出しはいいが、買い出しを毎日するわけにもいかない。雨の日など、家でじっとしていることもあった。そう、毎日が日曜日である。老いて、こんな毎日にならないように、少しは趣味、やりたいことを、働いているときからも持っていたほうがいい、と私は思っている。

ただ、その趣味が高じて、老いてから生きがいに振り回されるようなことだけは避けたい。

人の老い方はさまざまだ。母のように、生きがいは華道だと、若いときからわき目も振らずにのめり込み、老いても一切手を抜くことをせず、若いときと同じように一心不乱、猪突猛進だ。

食事の支度はしているが、段々と調理済み惣菜を買うようになり、使い終わったプラスチックのパッケージトレイが溜まっていく。ゴミ回収曜日は定期的に決まっているので、出し忘れると、家にすぐゴミが溜まる。

忙しいとそれが頻繁となり、惣菜のパッケージも増えるに任せていたのではないだろうか。老いて体力が衰えてきていても、同じような暮らし方を続けていたに違いない。

日々で大切なことと言えば、真っ先に食べることだから、当然、片づけや掃除、ゴミ出しなどは後回しになる。次第に、家が片づけられないモノで埋まり、汚れが溜まり、生命の危険にもさらされることになった。

生きがいもいいが、このようになるのは願い下げだ。

かといって、やりたいこと、趣味などがないと、余計なことを考える。人にお節介を焼く、孫にべったりする、無為に時間を過ごすなどと、毎日が張りのない日々となりがちだ。ある人は、何もすることがないので、いろいろなことを心配しているうちに、ウツ状態になってしまった。

人生の最終期がこれでは悲しくなる。

悔いなく生きるためには、適度に楽しく面白い生きがいは必要だ。それを、自分の体力と相談しながら、生きがいに振り回されないよう調整していくことが大事なのではないか。

父に比べて、片づけが苦手だった母

モノで家のなかが溢れるというのは、実はシンプルな理由だ。必要なモノの優先順位が、ハッキリしていないからだ。

何事にも優先順位は大切だ。ご飯を食べるとき、何から最初に箸をつけるだろうか。私は、好きな物から食べ始める。あれもこれもと、一遍には食べられない。真っ先に食べる順番を自然に決めている。これが優先順位だ。この優先順位は何事にも通じる。

たとえば、仕事が重なったとき。何から手をつけて、進めていくかだ。一番は急ぎの仕事だろう。締め切りが迫っている仕事からではないか。上司から報告を迫られているとき、その仕事から始めるはずだ。

でも、締め切りが同時だったらどうか。それでも、午前と午後といったような微妙な時間差があれば、その時間差で優先順位は決まる。

優先順位のつけ方は、練習すれば誰にでもできる。よく何を食べたいかと訊かれ、「何でもいい」と答える人がいるが、その人は決められない人だ。ハッキリと、「○○が食べたい」と答えるのも優先順位である。

モノが増えるのも、優先順位がハッキリしていないからに他ならない。

モノを誰かに貰ったとする。**今そのモノは、自分にとって必要か不要か？　この先使うのか使わないのか？　など決めるのが、優先順位をハッキリさせるということだ。**

貰いっ放しで、使いもしないのに、いつまでもしまっておく。これが増えると、家のそこかしこにモノが山積みになるわけだ。

生活力は、モノ（食材・身体・家も含めている）を使い、汚れを落とし（食べ残し、使い残しなく）、始末しながら、循環させることを繰り返し、身体や家、モノを維持していくことだ。

それは死ぬまで一生続く作業だ。循環そのものが生活するための力であり、モノだけではない、人生にも優先順位をつけながら、老いを迎えていく。**片づけ力が乏しければ、老いたときにモノで溢れた家で、危険に遭うかもしれないし、母のように熱中症で搬送されることになるかもしれないのだ。**

母の日常は、かろうじて生命を維持するだけの食生活は賄《まかな》っていたが、汚れを落とし、整理整頓・循環といった「生命環境の維持」ということがもう出来なくなっていた。

それは生活力の半分が欠如しているということなのだ。

生活の折々に、優先順位の決断を早くからつけるように練習していれば、これほど汚れやモノで溢れた日常の暮らしにはならなかっただろう。

いつ、片づけ力を身につけるかだが、本当は小学生の高学年、遅くても中学生くらいがいい。物事の判断能力が芽生え始め、柔軟性のある頭脳を維持しているときだからだ。このくらいの年齢なら、優先順位の考え方、実践法などの呑み込みも早いと思う。

親は手出しせず、料理を作らせる、掃除させる、洗濯させる、整理整頓させるなどして、優先順位の判断力をつけさせるようにしたほうがいい。

勉強も大切だが、生きるための生活力の根幹である片づけ力を教えるのは、親しかいない。

ネット、雑誌、テレビなどで方法は紹介しているが、優先順位をどう判断していくかなどまでは、紹介していない。それは親が実践して子が学んでいく事柄だからだ。**子どもの独り立ちに必要なことは、片づけ力をつけること**だと、私は最近とみに思う。

残念ながら、私は母にその指導をされたことがないので、必死に手探りで身につけてきた。母自身も母親が早くに亡くなっており、誰にも教えてもらっていなかったので、食生活はともかく、掃除、洗濯、片づけなどの生活技術力がきちんと身についていないわけだ。

だから日常は何とか過ごせても、片づけることは後回しとなっていった。

モノに埋もれる!
ごちゃごちゃサイクル

特徴1	モノをしまう場所が決まっていない
特徴2	モノが多過ぎ、スペースから溢れている

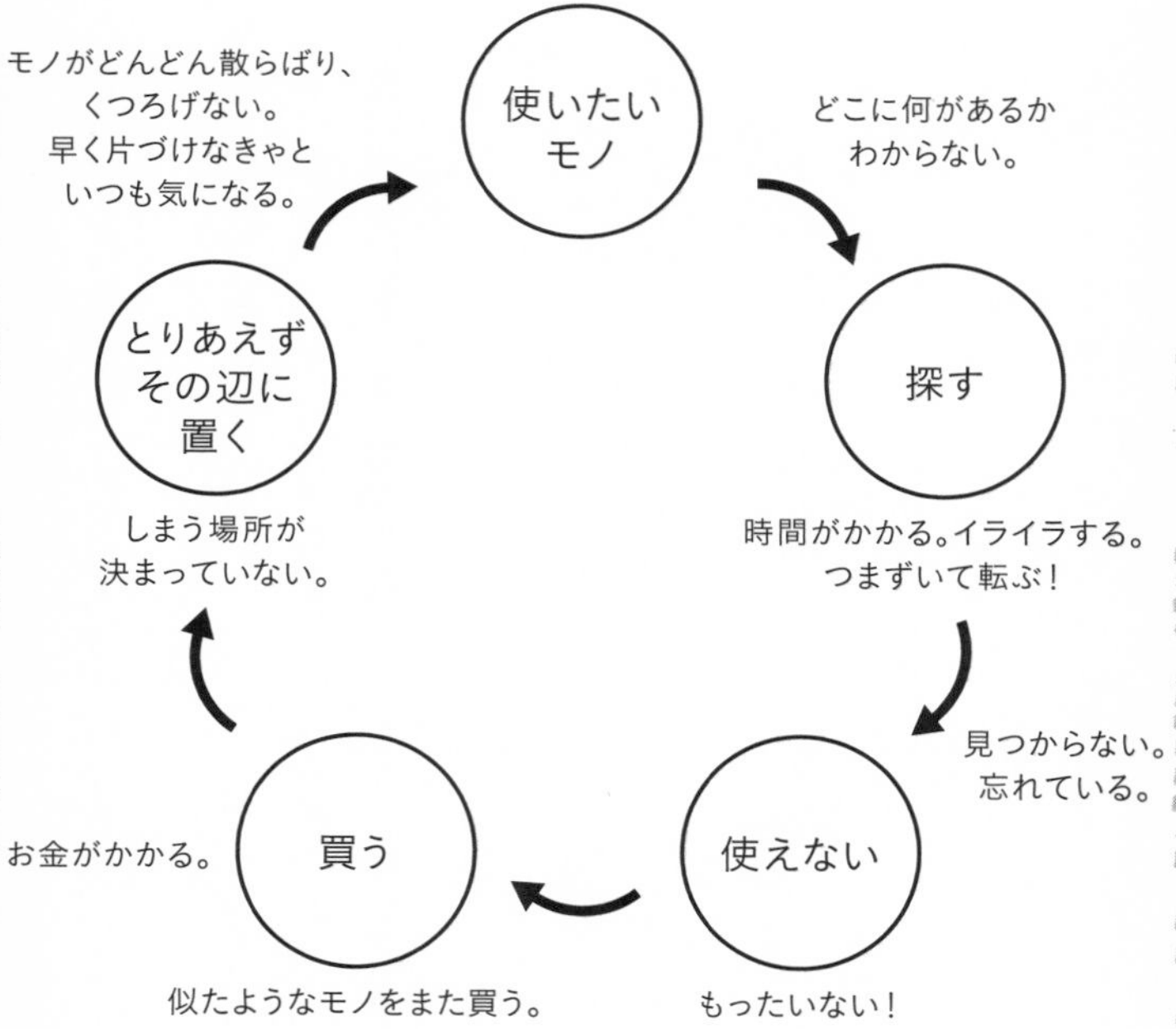
使いたい
モノ
どこに何があるか
わからない。
探す
時間がかかる。イライラする。
つまずいて転ぶ!
見つからない。
忘れている。
使えない
もったいない!
買う
似たようなモノをまた買う。
お金がかかる。
とりあえず
その辺に
置く
しまう場所が
決まっていない。
モノがどんどん散らばり、
くつろげない。
早く片づけなきゃと
いつも気になる。

いつの間に⁉
実家が散らかり放題！

モノが山積みで、廊下の戸が開かない！

ところで、具体的にどんなモノがゴミ化していたのかを、書いておこう。

まずは、小さな前庭に面した廊下だ。幅75〜80センチ、長さ3メートルちょっとのスペースだ。

子どもの頃、廊下には何もモノがなかった。庭に向いて廊下に腰を掛け、スイカを食べては、種を庭に飛ばしていた。

いつの頃からか、ミシンが入った。私が小学生だったかもしれない。小学校の夏休みの宿題でエプロン制作があり、使った覚えがある。子どもの衣類は母が作っていたので、ミシンはその頃が活躍の絶頂期にあったかもしれない。しまったミシンの上で、夏休みに宿題をしたことも思い出される。

中学・高校となって、ミシンは忘れられた存在になり、いつしかモノ置き場となっていった。積み上げられていたのは主に雑誌、本などだ。母が毎月購読していた婦人誌などの雑誌が、読み終わったのかどうかわからないが、ドンドンと重ねられた。

衣類も既製品を着るようになり、すでにミシンは使用されている様子はなかったが、それでも廊下に存在していた。廊下の幅の半分を占領したままで。

私は大学進学により上京し、大学が休みのときだけ帰省する身となった。その頃からだろうか、廊下がモノ置き場と変身していったのは。母が華道を習い始めたときと、暮らしの変革期は一致しているのではないかと思う。

帰省の度に、廊下はモノで塞《ふさ》がれていった。ミシンの上に、雑誌、辞書、アイロンなどだったのが、華道の工具（母の習っている流派には欠かせない）、華道に伴う書類などが積み重なり始めた。廊下の奥には、花器類がところ狭しと並び始める。

それでも、毎朝、家の掃除をしている几帳面な父がいるときまでは、花器も廊下の奥で留まっていた。それが父が亡くなるや、花器、工具だけでなく花材、そして貰いモノ、さらには衣類、傘、食材までもが置かれ始め、それらはついには玄関脇までジリジリッと拡張し続けたのだ。

廊下を占領したモノたちは、他の定位置を与えられることもなく、その都度適当に置かれ、そのまま増え続けていった。

こうして、廊下の前庭側にモノが積み上げられていくと、どうなるか。

当然カーテンが引きづらい、ガラス戸が開けづらい、庭に降りられないので、庭の手入れがしづらいなどが起こる。

そのうちカーテンはモノの上から覆われ、ガラス戸はごくたまに、ほんの少ししか開けられなくなった。

換気をしないから空気はよどむ。室内での布団の上げ下ろし、衣類の脱ぎ着、人の出入りなどにより、発生したホコリは室内にとどまり、掃除は行き届かず、汚れも溜まり放題となっていった。

モノを片づけながら暮らすということをしなくなった家の状態であった。

油まみれの台所、食料品もゴミもごちゃごちゃ

玄関と反対側に台所がある。暮らしのもっとも重要な場所だ。健康管理を司るところとも言える。

かれこれ二十年も前になるだろうか。まだ父が生きていたときである。台所に隣接する風呂場のリフォームのため、ついでに台所もという運びとなった。風呂場から始め、次に台所となった。

ちょうど、母は華道に乗りに乗っているときだ。店舗を飾る花、高校生の華道教室、そして自分の教室と、忙しさは頂点に達していた。そんなときのリフォームだ。仕事をしてくれる人への気遣いもピークに達していたと母は言う。

ようやく風呂場が終了し、台所に取りかかっていた。床、壁、天井の順で工事は進んでいくはずだった。

ところが、床を剥がし張り替えたところで、工事はストップした。

母のリフォーム疲れがドッと出て、リフォームどころではなくなったからだ。だが台所に必要な、シンクとガス台だけは設置してもらっていた。

壁も天井も剥がしたままだ。もちろん照明は裸。冷蔵庫、トースターなどの電源も剥き出し。このままの状態で二十年も調理していたのだ。

ベニヤ板の壁や天井は、油でベトベトになり、ガス台は火口が油で塞《ふさ》がれたような有様だ。これが高齢者にとって、どれほど危険をはらんでいるか。

実家に帰るとしても、ほとんど仕事がらみ。一泊くらいで慌ただしく帰っていた私は、実態を初めてつぶさに見て驚愕《きょうがく》したのだ。

危ない！　よくぞ今まで何事もなく……その無謀さに呆然とした。

台所は、そんな危険ばかりではなかった。モノに溢れていた。

使用しない密閉容器の山、食器の多さ、封を切ってそのままの食品。

冷蔵庫に至っては、汚れだけではない、食べかけの食材が出てくる出てくる。どうしたら、こんなになるのか、私は考えてしまった。

いくら忙しいとはいえ、日々の健康管理の場がこのようでは、身体のほうが参る。窓は開けられない。扇風機もエアコンもなく、夏の暑い最中、熱を使用した調理がいかに身体を酷使しているか。倒れないほうがおかしいとも思える。

熱射地獄のような環境だったのではないか？

途中でリフォームを放棄したのだから仕方がないが、それにしても、少しずつ続けていくことをなぜ考えなかったのだろうか。今になってみると、私には不思議に思える。当時母はまだ六十代の後半、父も元気だったのだ。

最初は気になっていたのかもしれない。しばらくしてから、いつかは直そうと思っていたのかもしれない。しかし、そのうちそれが日常化し、見慣れた風景となり、気にならなくなってしまったのではないか。

見慣れて気にならないものは、目に入らない。人はどんな環境でも慣れるのだ。

奥までびっしりモノが詰まった害虫だらけの押入れ

もう一カ所、私が驚愕した場所がある。階段下にある押入れだ。

そこは、日常の生活用品……トイレットペーパー、洗剤、貼るカイロ、薬、未開封のお茶や菓子類などが置いてある。

ところが、それらはすべてスーパーのレジ袋に入ったまま、つまり買ってきたままなのだ！　しかも、それらは釘やフックにぶら下がっていて、そのレジ袋から直接出し入れしている。

ヒエ～！　思わず叫んだくらいだ。使いづらいなんてものじゃない。

昔風の寸法の一間の押入れだから、左右の幅も奥行きも広く、スペースはたっぷりある。他は何に占領されているのか？　読み終わった新聞紙が山となった数列はともかく、積み重なった箱や段ボール、紙袋などがあり、何がスペース塞ぎになっているのか、皆目わからない。

押入れの壁は土壁一つ。一階の階段下だから湿ってホコリっぽく、害虫の棲み処ともいえる環境にある。ゴキブリはもちろん、もっと大きい害虫も棲息しているかもしれない。

日々使用するモノを吊るしてあることから想像しても、占領しているモノは絶対に古いモノで埋まっているに違いない。場所を塞いでいるモノが何か、それを私は後で知ることになるのだが、そこには驚くべき事実が待っていたのだ。

多分階段下の押入れは、大祖母の代から、そのままで使っていたのだろう。誰にも手が付けられなかった場所かもしれなかった。

しかし父がまだ元気だったときから、お菓子類やお茶など、食品も吊るしていたのだから、父も少しは整理しておいてくれればよかったのに、と後で私が思ったことだ。

引っ越しゼロ！　実家1階見取り図

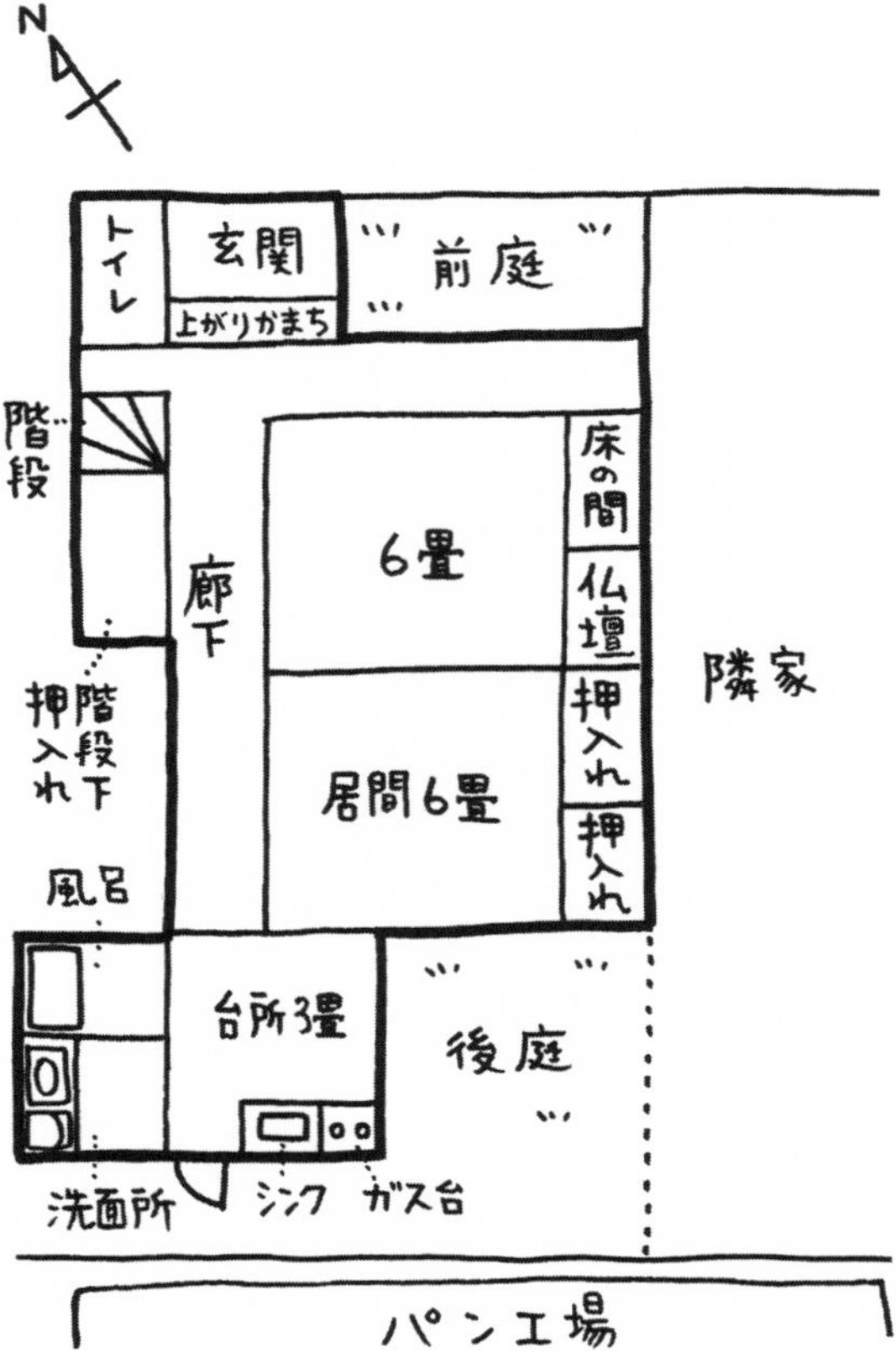

引っ越しゼロで、モノの見直しを一度もせず

家にあるモノすべては、暮らしている人の所有物だ。

人の暮らしは、十人十色、百人百色で、どれ一つとして同じ暮らしはない。

また人は、一時間、いや一秒ごとに年を取り、暮らしもまた変化していく。人は昨日興味を持ったことについても、明日はすでに興味が失せているかもしれない。日々変化しているのが暮らしだ。

その暮らしを支えるモノ、それも、人が変化すれば、モノも変化していく。日々の暮らしに必要なモノもあれば、たまにしか使用しないが無ければ困るモノもある。

人生の最終期に差しかかっての必要なモノは、人生のピーク期のモノと違う

モノである。

暮らしが変化することでいつの間にか忘れ去っているモノが、家の中にはどれほどあるのか。

そして、その忘れ去ったモノは、いつ、誰が使うのか。いつ、誰が処分するのか。

一生眠らせたままにするのだろうか？

家中のモノの所有者は、所有するモノすべてを把握しておく必要がある。しかし、すべてを把握できずに、忘れ去っていく。なぜか？　所有するモノが暮らしの変化で必要度も変化しているのに、見直しをしないからだ。

引っ越しをしたり、リフォームしたりすれば、見直すチャンスもある。しかし母のように嫁入り以来、引っ越しもなくずっと同じ家に住み、リフォームもない状態で暮らし続けると、見直しのチャンスはまったくない。

唯一あったとすれば、父が亡くなったときだったが、それもチャンスと捉えずにいると、自分のモノだけでなく、先代・先々代の家族、連れ合い、子どもが使用したすべてのモノを抱えたまま暮らし続けることになる。

暮らしは年代と共に変わる。そして使用するモノも変化する。戦後七十年超を迎える日本人の暮らしの変化は劇的である。

初めてテレビや洗濯機や冷蔵庫が家庭に入ってきたときの驚きと感動、現在六十代以上なら今も鮮明に記憶しているだろう。子どもの衣類が手作りだったように、食事も手作りが当たり前だった。

劇変したのだ。**家庭に侵入してくるモノの量は比較できないほど多くなり、押し潰されそうなくらいだ。だから見直しが要る。**

その見直しチャンスは、人生の最終期の入口だ。最後の人生の輝きを放つ六十代～七十代だ。

この老いを迎えていく時期は使用するモノを少なくしていい。これまで使用していたモノを見直し、これから使用するモノを絞っていくことがどうしても必要なのだ。

しかし**私たちの親世代にはそのモノの見直しはもう無理である。**年齢的に体力・気力がなくなっているからだ。母のようにモノの優先順位や要・不要の見直しをしないままモノに溢れた暮らし、つまりゴミと一緒に暮らすことになる。

その前に、親には人生のモノの見直しを考えてもらいたかった。

人生は、死ぬまでモノの見直しの連続

私はよく言うのだが、モノは一人で歩いてはこない。人が購入したり人に貰ったりして、自分の暮らしに取り入れるからこそ、モノが暮らしに入り込む。暮らしには、居場所、寝場所、食事場所、くつろぎ場所といったスペースがあり、モノにはそのスペースに収まるようなしまい場所が必要だ。

しまい場所の無いモノは、下駄箱の上、階段の端や踊り場、テーブルの上や下、棚の上、タンスの上、床など、あらゆるところに置かれることになる。

モノのしまい場所以上に、モノを家に取り込むと、モノは無秩序に家中に散らばっていく。

モノがなければ暮らしは回らないが、必要以上にモノを取り込み、しまい場所がないとしたら、家はあっという間にモノで乱雑に散らかることになる。

散らからない暮らしをするためには、使ったり、出したりするモノの指定のしまう場所が必要である。その指定場所に収まるモノの量とスペースのバランスが崩れれば、必ず、どんなに広い家でも散らかる。

よく聞く話がある。

子どもがみんな巣立って夫婦二人暮らしになり、スペースは充分あって広々暮らせるはずなのに、次第にモノが増え、子どもが気づいた頃には家中モノだらけ。モノに埋もれて、むしろ前より狭いスペースで暮らしている。

独立した子どもが泊まるときも、モノをかきわけ、隙間を見つけてフトンを敷かなければいけないくらいだ。

定期的にモノの見直しが必要なわけはここにある。

年齢が高くなるほど、見直しは困難になる。それは、取り込んだモノを一つひとつ見直すなんて、とても面倒なことだからだ。そして疲れる。

そうであれば、モノを取り込む前に考えなければならない。本当に必要か、同じモノを持っていなかったか、しまい忘れていないか、代用できないかなど、買う前に再考することだ。

買ってからシマッタ！　と思っても遅い。

モノを取り込む前に、よくよく考えてから取り込むようにしなければ、年を取ってからのモノの整理は行き届かず、散らかって生命の危険さえ及ぼされかねないことを、親の家を見て私は理解した。

これから、私も母と同じような道を辿るのかと、暗澹《あんたん》たる気持ちになったのだ。

母の退院前に急いで片づけなければ！

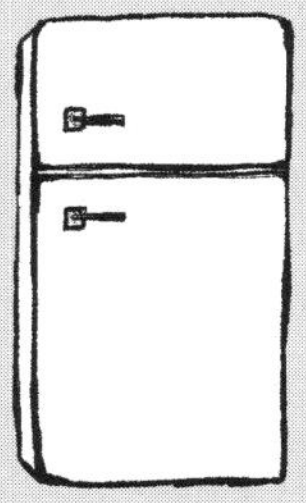

冷蔵庫いっぱいの食材整理から始める

ゴミの中で暮らしているのか！　と見間違うほど、モノが散乱したところで母は暮らしていた。そして、ガラス戸や窓の開け閉めは不自由となり、夏の暑い中でも、風を取り込むことなく閉め切り、母は熱中症で緊急搬送された。

入院直後は、生命に危険な状態だとの医師の説明だったが、一週間も経過したら、危険は脱し、このまま順調にいけば退院となる見通しとのことだった。ぎゃあ、退院する前に人が暮らせる場所に変えなければ、また同じことの繰り返しだ。その都度呼び出しをかけられ振り回される。それはごめんだ。

まずは掃除するしかないと決心しながら、驚愕した廊下は考えないことにした。

まず台所掃除からだ。最初に手を付けたのは冷蔵庫。冷蔵庫を恐る恐る開けてみると、中に入っていたものはこんなふうだ。

生卵かゆで卵かわからない日付のない卵がいっぱい。フレンチ、ゴマ、ゆず、ノンオイルなど各種ドレッシングや調味料、使いかけのマヨネーズ。賞味期限がとっくに切れた母の好物カニカマ、ハムや牛乳、ヨーグルト。肉と言えば定番として買ってきていたトンカツ。それが干からびていた。

一カ月以上前の頂き物の上等な牛肉が包みのまま。息子の大好物、塩鮭とタラコ。

引っかかって開けづらい野菜室をようやく引っ張り出してみると、中はぐっちゃぐちゃのベットリ。臭いもすごい。母は野菜室に食材を詰め込んでいたのだ。

賞味期限の切れた好物の漬物、惣菜パック。それにちょっとフタの開いた密閉容器がいくつも。たぶん指の力が弱くなってフタをすぐに開けられるよう、ちょっとだけ開けておき、そこから汁が漏れ、中がベットリしていたのだろう。

迷わず冷蔵庫内の食品は全部処分。洗剤の汚れ落としをしている時間もエネルギーもないので、熱いお湯で緩く絞った布巾を何枚も用意し、汚れを緩めてから、ていねいにこすり拭きをした。

絶句！ ガス台まわりの汚れ方

冷蔵庫の次は、シンクまわりとガス台まわりだ。

意外なことにシンクはきれいによく拭き込んであった。これは私が「シンクは調理が終わったらよく洗い、拭き上げるように」と耳にタコができるくらい口うるさく言い、そのためのファイバークロスを持参していたからだろう。ステンレスの水拭きをしてピカピカにするのは、母も嫌いではなかったらしい。

しかし、きれいだったのはそこまで。ガス台まわりの汚れ方はすさまじかった。煮こぼれをそのままにしておいたようで穴が詰まり、火が付きにくい。魚焼きのグリルは、油汚れでギトギト。洗ったことがないのか。アミも受け皿も魚の脂がベッットリとこびりついていた。

ガス台のまわりの狭い隙間やガス台下を覗くと、一度も拭いた形跡などなく、ここも油でギトギトだ！　ガス台前の出窓には油汚れ防止のためのアルミホイルが敷いてある。そこに鍋ややかんが置かれていたのだが、それらは、はねた油が幾層にもこびりつき琥珀色《こはくいろ》（!?）に変容していた。

壁に鍋ブタの収納があるのだが、収納されたフタの数は半端ではなかった。それらもすべて油まみれ状態だ。

出窓にとりあえずで設置した換気扇は、手が届かず、フィルター交換もできないので、機能すらしていなかったのだろう。換気扇と反対側にある木枠の窓と言えば、立てつけが悪く、まったく開かない。窓も開かず、換気もままならぬこの台所で、よくぞ火事や事故にならなかったと背筋が冷たくなった。

鍋のフタばかりではなかった。シンク下にしまっていた鍋の数の多さ。それに比べ、ザルやボウルが大中二つずつというのは不思議だった。私はザルの数が多いのだが、**台所という場所は使う人の個性というか、クセがもろに出る場所だ。**

鍋の内側を見て、だいたいどれくらい使われているか判断できる。母の鍋を半分以下の五つに絞り、鍋のフタも同じく整理した。

食材とゴミが床を占領

実家の台所は南西に面した三畳くらいのスペース（48ページ見取り図参照）である。

その三畳のスペースの南西にシンクとガス台、反対側の北東の壁に沿って冷蔵庫と食器棚。東南の壁沿いには、父が単身赴任のとき使っていた高さが70センチ、幅90センチほどの食器入れが置いてあった。その上が母の野菜置き場、よく使う調味料や食料置き場であった。

野菜は近所の食品店からその都度届けてもらっていた。届けてもらった袋のなかにはじゃが芋、玉ねぎ、長葱、キャベツ、トマト、キュウリなどが入っていたがすでに傷んでいて、ポリ袋の底から汁が出ていてどろっとしていた。

野菜の隣には、乾物、粉類、麺類、ゴマ、かつお節、海苔、お茶漬け、砂糖、塩など調味料一式等が、買ったままの袋に入れられて、所狭しと置いてあった。

米は五キロごとに注文。袋の上の部分をビリリとあけて床に直接置いて使っていた。床には頂き物の梅干、梅酒、ラッキョウ漬けなどのビン類がびっしり置かれていた。

そして、ゴミ出しが追いつかなくなって溜まったポリ袋が散乱していた。息子の大好きなジュースの空ペットボトルも林立。惣菜のプラスティックの容器やトレイ、牛乳パック。ビン類、燃えないゴミなどが所狭しと置かれ、足の踏み場もないほどだった。

シンクとガス台の上にある窓は、南西に面しているが、パン工場が隣接しているので、西日はほとんど射さない。

しかし窓は開かず、換気扇も効かず、夏にここで煮炊きをすればまるで熱中症になってくださいというようなものだ。

そして妹も私も迂闊《うかつ》なことに後で気づいたのだが、冬ともなれば、雪国の新潟である。開かずの木枠の窓やシンクのわきの勝手口から隙間風がヒューヒュー入り、暖房もない場所だから、この寒い台所に震えながら立っていたのではないか。どうりでよく風邪をひいていたはずである。

健康に暮らせる家にリフォームを決意

床面が見えてきたところで、床掃除にかかる。

掃除機をかけ、雑巾でていねいに何度も床を拭き、ふと天井を見上げると何かを包装したポリ袋が……。油にまみれた大鍋、梅干用の桶などだった。

そうだ、天井はベニヤ板のままだった。この台所はリフォーム途中の状態だったことを思い出した。ここはどうしても改装しなければならないな……。

床をきれいにしてみると、今度は天井と壁の汚さが際立ってきた。壁も油ですっかり汚れている。冷蔵庫の上も油が回っていた。

出窓は最悪だ！　木材だから腐っているようで、レールの金属サビがこびりついていた。

一度シンクとガス台は取り替えたものの、リフォームが完成していない台所。よくもまあ〜ここで調理をしていたな、と思う。これが八十九歳、台所の現実だった。安全などありゃしない。よくぞ頑張って調理できたなと、呆れるやら感心するやらだ。

台所を掃除して決心した。やっぱり、片づけだけではすまない。リフォームを完結しよう。そして風が通り抜け、人が住みやすいような、何より母が健康に暮らせるような家にリフォームしよう。

この状態では、安全に住む確保ができない。たとえ今応急処置的な片づけをしたとしても、すぐにまた、汚れが溜まり、窓の開かない家に逆戻りとなるに決まっている。

この際、家中の不要なモノはすべて片づけ、片づいたスペースをもっと使いやすくし、押入れも片づければスペースが生み出される。そこに日常使っているモノの指定席を決めれば、今よりぐんと使いやすくなるはずだ。

そう決めたら即実行だ。玄関まわりと二階のチェックに取り掛かることにした。

家中、不要のモノばかり

わが家は築九十年以上の二階建て木造家屋である。

階段を上がって奥の突き当りには一・五畳ほどの納戸がある。ここは、私が子どもの頃から不思議なスペースだと思っていた。使いもしないモノですでに埋まっていたからだ。

祖父が死んだときでも、父はここだけは手を付けなかった。面倒だったからだろう。整理好きだったのだから、どうせなら一番先にこのスペースに手を付けて片づけておいてほしかった。

一階廊下と階段下の押入れ、それと二階の奥の納戸、この三カ所が、わが家の鬼門の場所だ。何でも、奥へ奥へと七十年（いやもっとかも……）も詰め込んで、今ではいったい何があるのかさえわからない始末だ。

多分最初は、不使用となった大祖母、祖父が使用したモノ、たとえばお膳とか蚊帳とかすだれなどを置いていったと思う。

それからはとりあえず置こうと、訳のわからないモノ、たとえば家族が使用しては忘れていったゴルフ道具、スキー、サーフボードといったモノ。

その後は母の花材、作品と埋まっていったのだろう。二階奥の納戸には窓があるのに、今では明かりさえ入ってこない状況だ。

ここは「永久不使用モノ置き場化」してしまっている。

私は前からこのモノ置きスペースを何とか活用したいと思っていた。たとえゴルフ道具やサーフボードが使用できたとしても、誰が使うのか？

この場所にあるのは、私が大学に入ったときから一度も取り出して使用したことのないモノばかりだ。私が知っているだけでも、不使用歴がかれこれ五十年以上だ！　廃棄対象としても、誰も文句はないだろう。

さらに、二階の一室にドカンと居座っているベッド。妹が家で暮らしていたときに使用していたが、彼女が高校を卒業してからここには住んでいないから、今では不使用モノ。それなのにずっとそのままにしてある。

彼女がもう一度戻ってくるとでも、親は思っていたのだろうか……。

不使用モノは、誰しも粗末に扱う。ベッドが不使用となったら、そこはいつの間にかモノ置き場になっていた。

衣類、シーツやタオルケットなどの寝具類、出番のなくなった座布団、そしてここにも花材。次々とモノを載せ、下にあるベッドのことを忘れているのだ。これも要らない。


家族に変化があったときが、モノを無理なく始末するチャンスだ。子どもが使用していたモノは、一緒に持っていってもらうか、残された家族が、その後使用するかどうかを決めなければそのまま放置される。

使用者か家族が判断して不使用となったモノは、寄付する、譲る、リサイクルショップに出す、廃棄するなど、そのときそのときで片づけていかなければ、代々のモノは溜まっていき、一挙にはとても片づけられないことになる。

モノは、使用している人がいてはじめて活かせるのだ。使用者がいなくなれば不要なモノとなる。

これは肝に銘じておくべきである。
家をチェックして、およそ七割は不要なモノと、私は決めた。

父はなぜ、この古い家にこだわったのか

実家は古い木造家屋であるが借家である。途中、別の場所に土地を買い、家を建てるばかりになっていたが、タイミングが合わず、そのままになってしまったのである。

この家を最初に借りたのは江戸時代生まれの大祖母である。早くに未亡人になった大祖母は一緒に住んでいた長男を亡くし、次男である祖父を育て、祖父の結婚でこの家に移り住んだ。

ところが今度は祖父が若くして連れ合いを亡くし、残されたのが幼い四人きょうだい、三人の姉と末弟の父だった。

亡くなった母親代わりに、大祖母と父の六歳上の姉が妹二人と弟の面倒を見

て育ててくれた。その姉は足が不自由なこともあり、妹たちを嫁に出し、和裁で身を立てていた。

そんな家の長男の所に母は嫁に来たのである。

私が物心ついたときの記憶では、私たち家族は一階に暮らし、二階の座敷に伯母が暮らし、二階の和室に新潟大学の学生が間借りをしていた。

小学生の頃、私は伯母の手伝いをして、仕上がった和服のお届け係をしていた。その伯母の姿から、女は手に職があるほうがいいと思うようになっていった。この伯母は六十三歳で亡くなったが、最期は軽い認知症のようになり、父は、それはやさしく伯母の面倒を見ていたと後から母に聞いた。

四人きょうだいの中のたった一人の男の子、女きょうだいの下で育ち、大祖母と姉の手で成長した父にとって、この家は大祖母・祖父・伯母たちの思い出が深く刻まれた家なのだ。

伯母がまだ元気だった頃、母は華道教室を持ち、高校の華道部を指導したり、華道で活躍していた。だから足の不自由な伯母の晩年のため、母は銀行から融資を受け、土地を買ったのである。

ところがいざ家を建てようというときに伯母が亡くなり、落ち着いたと思ったとき息子が病気になり、家を建てるどころではなくなったのである。

私は自分自身のこれからのこともあり、一度父に聞いたことがある。もし家を建てるなら、今なら少しお金の余裕があるのでどうするかと。私が四十代後半のときである。

しかし、そのときの父の答えはひとこと、「ここでいい！」だった。

そして「家にお金はかけたくない。お金は自分のため、家族のため、付き合いのために使いたい」とも言ったのだ。

私はそうして、親の家を建てるのに出すつもりだった資金を、今住んでいる住居を買う頭金にしたのである。

整理好きの父が、リフォームの途中で女房が倒れたとはいっても、いつまでたってもそのまま再開しなかったのは、家に対するこの父の考え方が根底にあったからではないかと、今では思っている。

それにしても、私が聞いたときすでに父は七十五歳は超えていただろうから、体力的にも精神的にも、また金銭的にも、大祖母や祖父、伯母の膨大な遺品を含めた整理は、絶対にしたくなかったのだろう。

いや、それより何より、老いての片づけは無理なのだ。それを私は老いた両親から学ばされた。

母が入院している今がチャンス!

幸いなことに、母は入院中である。母がここでの暮らしを再開したとき、窓の開かない、換気不可能な油まみれの台所、害虫のいる押入れ、これで果たして安全に、健康に暮らしていけるだろうか? 即、「否」。

このチャンスを逃したら、二度と暮らしやすい家にするためのモノ片づけなどできない。母が、いや同居の息子も加わって大反対するに決まっている。

母の熱中症と同時に、息子も入院した。誰も住んでいない今が、チャンスだ。

しかし、実家とはいえ、そこはもう私の家ではない。母の家である。

勝手に触る前に、一応、母に断ることにした。どう言えばいいか、母の性格も考慮しながら考えた。そして徐々に回復しているとはいえ、入院中の多少気弱になっている母に毅然《きぜん》と告げた。

「お母さん、貴女の人生の最終章を輝かせるのは、モノではない。時間の使い方が輝かせる。そのためには、モノで埋まり、油にまみれた、いつも探しモノばかりしているような時間の使い方では、輝けないよ。自分の暮らしは自分で作っていく、自立した人生じゃないと、輝けないはずだと私は思う」

さらに重ねるように、目を見ながら詰め寄った。「いったい全体、人生の最後の残り時間を、お母さんは何をして暮らしたいのか、ハッキリさせてほしい」

すると母は観念したらしく、「好きな華道をして暮らしたいから、その道具だけは残してほしい……」と母にしては大人しく言うではないか！

「お母さん、華道をしたいのなら、もっと花材置き場などにスペースを有効活用したほうがいいと思う。今の状態では、モノがどこにあるのかさえ、わからない。取り出しやすく、しまいやすい状態にしたほうがいい。だから片づけるね」と、言い置いた。

それから、実際にどうやって片づけようかと家のモノをあちこち移動して、再度チェックしながら、手順をプランしてみた。

手順としては、

1　片づけ場所は一階廊下・台所・階段下押入れ
二階室内・廊下奥・押入れ
2　すべての不使用なモノを廃棄
3　台所のリフォームを完結
4　木枠窓をすべて、サッシに変更する
5　二階廊下奥、一階階段下押入れスペースに棚を取り付ける
6　選別したモノをしまう

といった手順になるだろうか。

しかし、これをいったいどう進めたらいいのか。手は私と妹しかいない。二人の手だけでは、いつ終わることだろう……。

人の手を借り、お金も使うしかない

そういえば、二十年前、風呂場と台所のリフォームをお願いした工務店さんは、今どうしているだろう。

早速電話帳で探してみる。以前にお願いしているので、もしまだあれば家のこともよくわかっているはずだ。人手が要るから、工務店さんに依頼するしかあるまい。

探してみると、電話帳にあった！　善は急げ、連絡を取ってみる。

以前と経営者は変わっていたが、幸運にも家のことは覚えていてくれた。私が次に帰るときに合わせて、相談をすることにした。

家を見てもらい、相談に乗ってもらう。有難いことに若い経営者に替わっていたので、話は早い。

時間もなく、なるべく一回ですませるためには、工務店の人と打ち合わせをする前に、自分の考えをまとめておくほうがうまくいく。

頭の中で漠然と考えていたことを書き出して整理し、それを妹とも相談しながら四つにまとめた。

1　不使用のモノは自分たちだけで処分は出来ないので、業者に廃棄を依頼したい

2　廃棄には費用がかかると覚悟しているが、どれくらいかかるか

3　廃棄が終わったら、リフォーム途中になっている台所を仕上げたい

4　押入れなどの空間に、棚を設置したい

そして**モノが溢れている場所を写真に撮り、これらをもとに相談する。**

工務店経営者は、丹念にモノの状況、台所、階段下押入れ、二階廊下奥などのモノの実態を見ていたが、「やりましょう!」と言ってくれ、多分この状況

なら、三人ほどの手があれば充分ではないか、とのことだった。

廃棄するモノは、処分しなければならないので、廃棄料については、これは車の重量に関係するので、排出して処分してみないと何とも言えないとのことだ。

人手の依頼ができることが、私たちには大助かりなので、それだけでも嬉しかった。

そして、もっとも助かったことは、処分まで引き受けてもらえたことだ。普通だったら、自分たちで、帰ってきたときに、粗大ゴミなどとして処分していかなければならない。

それが、処分までしてくれると言う。何と有り難いことか。それに、途中でストップしていた台所のリフォームも、続きを引き受けてくれた。

また、母がこれからの人生最後の時間を、安全に、安心して暮らせるための追加リフォームが必要となると考え、

1　台所ばかりでなく、開けにくい木枠の窓や戸はすべてサッシに替える

2　台所は安全のため、壁は耐火性樹脂を使用する。また、暑さ寒さ対策にエアコンを設置する
3　火災報知機をすべての室内に設置する

などを相談して依頼した。

正直言って費用が心配だが、安全な暮らしには代えられないだろう。こうしたときにお金を使わなくては、働いている意味もない。

私が働けるうちは、働いてでも捻出するしかない。そう覚悟を決めた。

「要る・要らない」5つの判断基準

さあ、いざ、親の家の大片づけだ。

片づけにはモノの要・不要を判断する条件があると私は考える。それは五つだ。

1　五年以上使用していない

2　何年も散々使用して、デザインや機能が古くなった

3　修理して使用できるが、費用がかかる

4　存在すら忘れていた

5　未練や物語がない思い出の品

このうちの二つでも当てはまったら、それは残すべきではない。これが私の片づけ条件なのだ。

でも、ここは「親の家」、どんなモノが飛び出すかは、片づけてみないと何とも言えない。少なくとも、五年以上使用していない、という条件を決め手に「要る・要らない」を判断していくしかあるまい。

ところが、妹の判断は違っていた。「お宝があるかどうか」なのだ。

この家にお宝と呼べるものなどない。

でも彼女は、「どうせ、片づけるのなら、楽しく、お宝探しのほうが面白い」。そして「お宝は見つけた人のモノ」だという。

それも一つの片づけ方かなと思い、二階を妹、一階を私と分けて取りかかることにした。

各人がいらないと判断したモノを、工務店の方に手渡し、運んでもらうというように手順を決めた。そして、これが要るか、要らないかなど判断に窮していると片づけが捗《はかど》らない。即断即決で進めることにした。

一階廊下から始め、階段下押入れ、台所と、私は順番を決めて進んだ。もう、迷っている時間、思い出などに浸っている時間、考えている時間など、自分に求めない。そう決める。

とにかく、**即断即決で進めないと終わらない。幾日もかかると、費用も大変なことになるからだ。**

突き進む ⟶ 要る？ 要らない？ ⟶ 即決める。

即決し、運んでは手渡しを繰り返して、手前から奥へと狙い通りに片づけていった。狭い家のこと、午前九時から始めて一時間ほどで、廊下はほとんど片づけた。

残りは階段下押入れと台所だ。ここだって、お宝なんぞあるはずもない。ほとんどが不使用のモノだろう。

廊下が終わり、階段下押入れに取り掛かる。

不使用のモノを出してみると、なんと江戸時代生まれの大祖母が使っていたお膳とお椀があった！

そして驚いたのが木製の大きな米櫃《こめびつ》。そこには大きな穴が空いていて、さらに壁にも大きな穴が空いていた。

唖然！　チューと鳴くどなたかが、出入りしていたのだ。想像しただけでゾッとした。これでよくぞ病気にもならずに、暮らしてこられたものだ。

あっぱれと言うべきか。木造家屋の古い家だから仕方がないが、それにしても知らないということは恐ろしいことだ。

人手があると作業は早い。ほとんど片づけ、運び出した。

午前九時から始めて、作業終了は午後五時だった。

およそ、七〜八時間で、2トントラック一台、1トントラック三台、合計「5トン」の不使用モノが片づいた。

ただ、あとが大変だ。ホコリ、ゴミ、油汚れなどの後始末が残っている。妹と二人で汚れ落とし作業に、三〜四時間ほどはかかっただろうか。

なんと一日が長かったことか……。

風が通り、廊下の床面、二階座敷の畳が見えるようになり、ようやくひと段落し、私たちは疲労困憊だったがやれやれといった気持ちだった。

「要る・要らない」5つの判断基準

1. 5年以上使用していない
2. 何年も散々使用していて、デザインや機能が古くなった
3. 修理すれば使用できるが、費用がかかる
4. 存在すら忘れていた
5. 未練や物語のない思い出の品

親は子に片づけられたくない

退院した母がポツリ「自分の家じゃないみたい」

数カ月入院していた母が退院し、自宅に戻った。

初めは、「自分の家じゃないみたい。感じが違う……」などとぶつくさ言っていたが、本音はともかく、片づけてもいいと言った手前、仕方がないと思っていたようだ。

とはいえ、暮らすうちに少しずつ慣れてきたようで、自分で買い物、調理、洗濯、掃除など一人で出来ることを、元に戻そうと頑張っていた。前向きなのだ。

それでも、自分で整理したわけではないから、モノの置き場がわからなくなるときがあるようで、突然、電話で問い合わせしてくる。

「私の辞書が見つからないけど、捨てたんではないの？」

「冗～談じゃない、辞書を捨てる人がいますか！　よく見て、多分テレビの下のモノ入れですよ」

といったやり取りが、数回あった。だが、私にも、申し開きできないこともある。玄関そばの廊下の大きな壺に入っていた、数十本にも及ぶ傘。これは誰が使うのだろうと、数本を残してすべて処分した。

ところが私が残した傘は、母のお気に入りのモノではなかったようで、片づけ後、事あるごとに、

「娘に、勝手に、すべてを、捨てられた！」

とひと聞きの悪いことを、母は誰彼となく言い続けたのだ。華道の師匠にも、「花材を捨てられた」と訴えたらしい。

そのせいで、師匠は、私が新潟に帰ると聞くと、

「じゃ、また捨てられるのですか？」

と話しているらしい。いい加減にしてほしい。華道は母の生きがいだと私だってよくわかっているのだから、その材料を捨てることなどない（だが、私は

時には捨てるのだが）。

しかし母にしてみると、自分が見てないときに許可したとはいえ、「傘までもが消え失せた！」という印象が強かったのだろう。

廊下のモノ、花材までも一切が廃棄対象となったと、ガックリとして、せめて共通の志を持つ師匠に訴えたのかもしれなかった。

しばらく、捨てられたモノ探しが母の日常だった。

「砥石《といし》がない」「調理バサミが見つからない」「いつも使っていた鍋はどうした？」などなどだったがそれは、自分の知らないあいだの家の変革をスッと受け入れられない、気持ち整理の手続きだったのかもしれないな、と私には思えた。

親は自分が許可したといっても、自分の所有物を「勝手」に「処分された」ことに、忸怩《じくじ》たる思いがあったにちがいない。

これを自分の身に当てはめて考えてみるとどうか……。

ここに、親の家を片づける難しさがあるといえるだろうか。

親にとっては「自分の大事な所有物」

親の家を片づけたことは、近所に住む八十代の親戚づき合いをしている家にも波及した。

「私の家もモノで溢れているけれど、誰かが片づけてくれるといいのになあ～」と私に訴えていたので、「それは子どもにしてもらうのが一番」と話したところ、彼女の子どものほうも、渡りに船とばかり、すぐに了解してくれたという。

彼女の子どもたち二人のうち、男の子のほうが気持ちも穏やかでやさしい。休暇を利用してやってきて、こまめに片づけを手伝ってくれたそうだ。

女の子はだいたいキツイが、娘も年齢を重ねると輪をかけてキツイ。

「何で冷蔵庫の中にこんなにモノが詰まってるの？　買い過ぎよ」

「どうして賞味期限が切れてるのに捨てないの？　捨てなさいよ」

「こんなにたくさんの食器、いつ使ってるの？　整理したら」

「もう使ってないモノをなんで後生大事にしまってるの？　スペースの無駄」

「どうしてこんなに客用フトンがあるの？　お客、もう来ないでしょ」

などと、一つひとつのモノにあれこれと、容赦なく叱責してくるという。

テキパキと動いてくれるのは娘のほうだと認めるけれど、老いた年齢になると、そうそう矢継ぎ早に言われて責められるのはかなわない。もうちょっとやさしくしてくれるのがいいとも話していた。

彼女からの後日談がある。そうして片づけたところ、「ほら、昔、一緒に絵付けして焼いた湯呑みが出てきたから持ってきた」と、懐かしい絵柄の付いた湯呑みを持ってきてくれ、その当時の思い出が一気に私の中で蘇《よみがえ》った。

自分の親の家に懐かしいモノはほとんどなかったが、他人の家に眠っていたとは。

昔を思い出す物語のある一品。大切にしようと、私は持ち帰った。

この家の例のように、親のほうに片づけたい気持ちがあると、親の家の片づけはスムーズにいく。それを親戚の家から学んだ。

しかし、親が家を片づけるのに躊躇《ちゅうちょ》したり、片づけたがらない場合には、とても難しいという話は多い。

特に親の老いを抱える世代には、難しさが付きまとう。

たとえば、親の家に同居となった場合だ。それまでの親の暮らしを大幅に変化させなければならなくなる。ここが難しいのだ。

家にあるモノはすべて「自分の所有物」と親は思い、それらは決して「不要なモノではない」と思い込んでいるからだ。

それを不要と思う子の立場などわかりはしない。理解もできないし、納得などもちろんできない。怒りすら覚えるようだ。ここに親も子もストレスが発生する。

親は、「いずれ、どうにかなる」と思っているが、結局それを背負い込むのは子ども世代だ。ここで話し合いを、真剣に、一生懸命にする必要がある、と私は思う。

ただ何とかなるだけでは、どうにもならないことも起こる。転ばぬ先の杖は、時間をかけて何度も、何度も話し合うことだ。それしかないのかもしれない。それくらい難事業なのだ。

親の家の片づけは、自分のときの練習

暮らし模様は百人百色だ。同じ言葉を使い、同じようなモノを買って使っていても、暮らしぶりはまったく違う。

暮らしは、いや大袈裟に言えば人生は、気持ちやモノ（欲望）を整理しながら、時間やお金を有効に（できれば楽しく）、有意義に使うことではないだろうか。

それは人により方法や中身は違う。悔いなく使うことで、人生の様子や見える景色が違うということだ。

気持ちの整理がつかないままの人、モノが溢れていても満足できない人、いつも人と比べて不満の人。

自分は動かず、いつも人に頼ろうとする人もいれば、何でも自分の思うようにしないと気のすまない人もいる。

忙し過ぎて体調まで損なう人もいれば、ヒマ過ぎて過剰なおせっかいをする人もいる。家族関係がこじれ身動きできない人など、人生模様はさまざまだ。

親の家を片づけざるをえなくなり、実際に片づけを実行してみて、私は自分の人生の最後に必要なモノは何だろう？　と考えてみた。

私の場合、もし訊かれたら、「自前のアドレス帳」と答える。そこには、人生で出会った人たちがビッシリと書き込まれているからだ。

私の残すべきモノは、これしかない。

このアドレス帳が、私の生きてきた証といってもいい。

多分、それ以外は日常的な暮らしに必要な、食関係、寝関係、衣関係、趣味関係といったモノなので、これらは、年齢とともにドンドン減らしていくことができると私は考えている。

人がモノにとらわれ、手放せないのは、こうした自分の身のまわりのモノを観察したり、モノとの付き合いを考えたり、モノを捨てる決断のつけ方がわからないからではないかと思う。

暮らしのために必要なモノは、どれだけあればいいのか、無くて困るのはどれか。「時間とお金と空間」を無駄なく有意義に使い、人生を悔いなく生きるためのモノとは何か。

より良く暮らすためにも、片づける小さな練習を重ねていけば、必ず整理は身についていくはずだ。

何事もそうだが、**練習もせずにいきなり大片づけをやろうとしても、絶対にできはしない。最初はうまくいかなくてもいい。試行錯誤を経てはじめて自分の暮らし方に合った片づけ方がわかってくるのだ。**

親の家片づけ、3つの教訓

① 話し合う

- いきなり「捨てろ」は難しい。
- 大切なモノの思い出や理由など、
気持ちをじっくり聞くことから始める。
- 親の現在の暮らし方を頭ごなしに
批判するのではなく、
「前向きに老いるために」とか、
心をほぐすフレーズを考える。
- 親はきょうだい分け隔《へだ》てなくと言うが、
本音は違うこともある。
- 何度も話し合いは必要だが、
それでも親が子どもの思う通りに
動かないときもあると心得よ。

② 小さいスペースから

- 子どもである自分たちも若くはない。
- ちょっとずつやること。
- 押入れだけ、棚だけ、引き出しだけ、寝具だけとか、区切る。
- ちょっとやる → ちょっとやる → でっかくやる！→ ちょっとやる
  ちょっとずつやっていると、
  大片づけできるタイミングが来る。

③ 共同で作業する

- 一人っ子の場合以外は、
絶対一人でやらず、
きょうだい(義理も含む)との
共同作業にし、
目撃者を作っておくこと。
- 人によって考えが違うように、
欲しいモノも違う。
- 一人でやると疲れるし、お金もかかる。
- それぞれのモチベーションを
大事にする。

きょうだいの話し合い、3つの注意点

① 長男長女意識はNG

- きょうだいは上下の関係ではなく、全員同じ、横並びの関係である。
- 長男長女は下のきょうだいの気持ちを案外わかっていない。
- 上から目線の命令口調や断定した言い方は揉めごとのもと。

② 勝手に一人が仕切らない

- 話し合う日時や場所は、
みんなの都合を聞いてから決める。
- 全員同じように、遠慮せず意見を
たくさん言い合うこと。
- 歩んできた人生が違えば、
価値観・金銭感覚は違って当たり前。
- 小さいときはこうだったからとか、
憶測で物事を進めない。

③ いちばん親の世話をしている人の意見を尊重する

- いちばん親と一緒の時間が多い人、世話をしている人が、老いてからの親の変化と実情を知っている。
- たまに来て、そのときの印象だけで判断し、発言しない。
- お互いに、やっていることを評価し、やっていないことを責めない。
- それぞれが得意な分野を活かして協力する。

ついでにわが家を片づける

大震災時に、本棚が動いた…！

親の家を片づけたのが二〇一〇年九月頃。その翌年、二〇一一年三月に東日本大震災が起きた。

そのとき私は家にいなかったが、電車やバスを乗り継ぎ十時間かけてようやく帰ってみると、簡易の本棚が崩れ、中に入っていた本がほとんど床に散乱していた。

本棚は他にもある。簡易の棚の隣に、およそ千冊の本を納めている幅１５０センチ、奥行き80センチ、高さ１８０センチの大きな本棚だ。

上から下まで本はもちろん、ビデオ、下段には果実酒のビンも置いてあり、ドッシリとしてびくとも動かない、と思っていた。

震災後数カ月が経ったときのことである。仕事机のすぐ脇にその本棚はあるのだが、その足元をふっと見ると、2センチほど動いているのに気づいた。

えーっ、大変だ！

親の家の安全は確保できたが、この自分の家はどうか？　確保されていないではないか。もしこの千冊もの本が倒れてきたら、私は圧死だ。

外出先だったら仕方がないとしても、家で圧死は頂けない。わが家にももっとしっかりした安全が必要だ。

やっと親の家を片づけたのに、今度は自分の家を片づけなければならない。トホホだ。

しかし考えてみると、親も老いていくが、私だって老いていく。七十歳も近づいている。七十代になって大片づけができるかというと、ハッキリできるとは答えられない。

七十代が今と同じ、六十代の単なる延長線上にあるとは思えないからだ。

身体に不調があるかもしれない、精神的に落ち込むかもしれない、母やきょうだいに何かあるかもしれない、また大きな地震が来るかもしれないなどさまざまなことを想定すると、早めに大片づけをしておいたほうがよさそうだ。

これまで、大片づけをするなら六十歳までに、と言ってきた。

体力、気力、決断力、経済力などのあるうちにということからだったが、今の私はその年齢をとっくに過ぎている。これまで、片づけを定期的にやってきたつもりだったが、ここしばらくは片づけていない。

暮らしの滓《おり》が、そろそろどんよりと溜まっているかもしれない。

この本棚は、最初に取り付けてから一度も見直しや整理をしていないことに気づいた。やっぱり滓は溜まっている。

60代最後の大片づけ

本棚をしみじみ眺めて、千冊もの本をすべて読んでいるのかと自問する。いや違う。よくよく本棚を見ると、私の好きな本の傾向、本に対する歴史もわかってくる。今は興味が持てなくなった本、かつての仕事で必要だった本、猫の本、見栄で飾っていた本など、本にも変遷があったことに気がついた。

若いときには、図書館に行く時間が惜しくて集めた本もある。また仕事で集めはしたが、今は手に取りもしない本もある。

本がなければ仕事が出来ないように思っていたが、そうではない。すべての本は図書館にあるのだ。さらに、私の本に対しての気持ちも、年齢と共に動いていることもわかった。

資料も同じだ。今では使用不可能な資料も取って置いてある。スペースの無駄になっている。以前に一度整理はしたが、あれからもう十年は経っている。

本や資料にも賞味期限があるのかもしれない。期限が切れた本は手放してもいいだろう。もし必要になったときがあったら、そのときに考えればいい。

本棚に詰まった本の重量は、相当なものだ。本の重みだけで置いたようなものだから、壁に設置したわけでもない。安全な支柱なども取り付けていなかったのだ。

万が一、次回地震が来たとき、揺れの方向によっては倒れる。今回の地震では揺れた方向が違ったので、倒れずに済んだまでだ。倒れていたら仕事場は崩壊していた。

この国が地震大国だったことを、私はスッカリ忘れていた。他は壁にピタリと設置したのに、本だけはなぜか重み重視で設置してしまった。迂闊だった。

そろそろ七十代、これからは時間が充分にある。昔は時間が無いのにセッセと図書館通いをした。それを思い出して通えばいいのだ。そう思うと、家に本を持っていなくてもいいような気持ちになってきた。いい機会だ。思い切って整理しようと決意した。

片づけ問題は体力問題

本棚の片づけは、本の選別に時間がかかると思ったので、一日一時間と決めた。一冊ずつ手に取り、要るか・要らないかを決めていく作業は時間がかかる。それをおよそ千冊決めなければならない。一日一時間で、どれくらい進められるのだろうか皆目見当もつかない。

でもこれまで、本の場所を考えずに決めていたようなところがある。もしかしたら早く選別できるかもしれない。

これが資料となると話は別だ。資料は紙切れ一枚でも必要なものがある。しかし今まではそう思ってきたが、それも考えようかもしれない。紙切れも新聞なら新聞を探せばいいし、雑誌なら雑誌を探せば見つかるかもしれない。

私は昔は図書館に住みたいと思っていた。いつでもどんなときでも、読みたいと思ったものを見つけられるし読めるからだ。しかし老いてくると、昔ほど読めないことに気づいた。読むスピードが違う。新聞を読むのにゼイゼイ言っている。

目の問題もある。友人は後でもう一度読もうと思って取っておいた本が、いざ読もうと思ったら、字が小さくてとても読めないと言っていた。

これでは年を取ったら、図書館に住みたいなんて言えない。そう考えると、本の選別もシッカリとしておかなければならない。

私の場合、家にいる確率の高い十一時から十二時までの一時間をあてた。本を選り分けるのに一カ月かかったが、それでも早かったと思う。

選別して「要る本」は部屋の隅に置き、「要らない本」は玄関近くに置いて、来客で欲しいという人がいたら貰ってもらった。それでも不要の本は山積みである。

新品の拙著本は、バザーに出そうと思ったら、もう売れないからいらないとあっさり言われ、それはそれでショックだった。

仕方なく、資料価値の乏しい本は、資源としてリサイクルに出した。価値が多少でもあると思われる本は、ネットで調べた古書買い取りへと送って、一応片づけたが、最後の本を片づけるまでに半年以上かかった！

その間に、いつも依頼している工務店さんに連絡し、壁面取り付け本棚の設置をお願いした。据え置き本棚の排出から壁面設置まで、三カ月ほどかかっただろうか。工務店さんが忙しかったこともあり、予想より時間がかかった。

片づけ中は家が散らかり落ち着かないのでストレスもかかる。また時間がかかりすぎると、その状態に慣れてしまう危険もある。心身への疲労を考えると、三カ月をメドに予定を組むのがいいと思う。

本棚を作り替えるにあたっては、部屋の採寸をし、どれくらいの本棚を作るか決め、入れる本の量のメドをつけた。そして余裕のスペースがないと、すぐに増えていっぱいになるので、そのメドの70％に抑えた。青写真を描き、それをもとに打ち合わせを重ね、設計図を検討してもらった。

設置が出来上がり、本を元に戻してすべて終わったのは、震災後一年一カ月、六十七歳になっていた。

わが家の書斎のリフォーム

目的1

地震時も安全な本棚の設置と本の大整理。
ホコリ対策と本の飛び出し防止に引き戸を付ける。

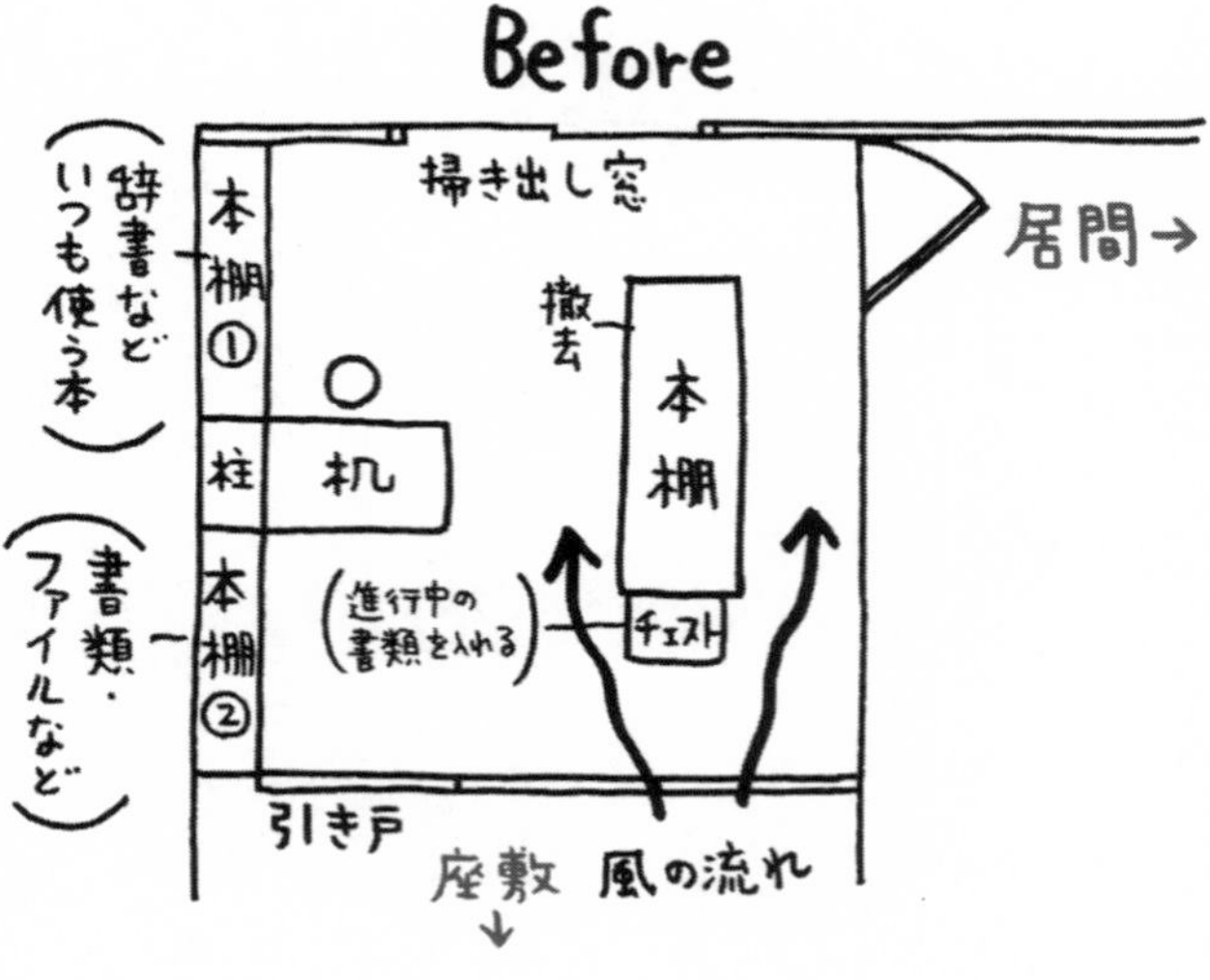

目的2

本棚の場所を壁側に移動し、風通しの良いスペースを確保。夏はここを寝室にする。

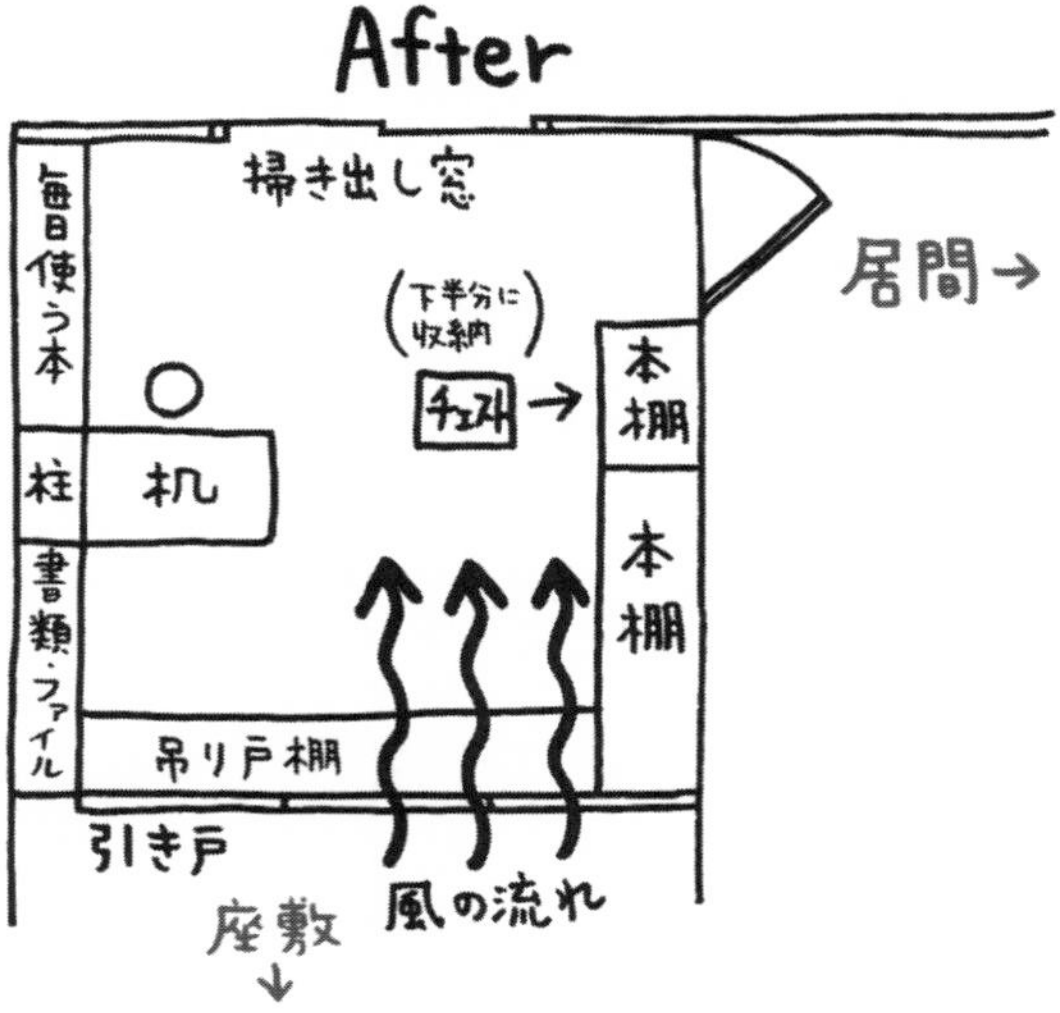

本の整理と片づけ、6つの手順

1 本棚のスペースを見直し、
新たなスペースを決める。

2 今ある本を棚からすべて取り出し、
総冊数を把握する。

3 ①で決定したスペースを測り、
収納可能な冊数のメドをつけ、
粗い選別をする。

④ 今後も増えることを踏まえ、③を
さらに70％に絞り、スペースに
余裕をもたせる。

⑤ 作業中の再読防止と肩・腕・腰を
守るため、一日1時間と区切り、
コツコツ継続する。

⑥ どの棚にどんな本を置くか青写真を
描き、それに沿って収めていく。

片づけは人生の棚卸し

　ところが本棚の大整理を終え一カ月ほどして、両腕に痛みが走るようになった。変だなと思い、整体にかかったり、塗薬を塗ったりしたが、痛みは一カ月経ってもなかなか治まらなかった。

　突然、「アッ」と思い当たったことがあった。本棚の片づけだ。本の整理に、上げ下ろしした腕。千冊を一カ月かけ上げ下ろししたのだ。そして収納もした。

　ここに老いと片づけは、身体に故障となって現れることがわかった。

　一日一時間と時間を限って、無理をしていないつもりでも、どこかで身体に負担がかかっていた。痛みの原因がわかった頃に、痛みも自然と消えていった。日薬《ひぐすり》で治った。

　老いと片づけの関係は、片づけたくても、身体が思うようにならなければ、片づけられない。

また体力があっても、気持ちが片づけようと思わなければ片づけなんてできない。体力もあり、気持ちもあるが、目先のことで忙しければ片づけどころではない。あるいは、どこから手を付けたらよいかわからない。

そして時間は過ぎ、老いが進んで片づけどころではなくなる。片づけは残りの人生を大切に、悔いなく過ごすために、必要な手立てなのだ。

片づけとは、モノを片づけるということだけではなく、今までの人生の「棚卸し」をし、これからの人生の「仕込み」をすることでもある。

モノを片づけることは、本格的な老いを迎える前に、気持ちの片づけもしておくということだ。

老いてからでは決断が鈍る。決断力のあるうち、体力のあるうち、気持ちが持続しているうちに、大きな片づけは終えておくほうがいい。

その年齢は人それぞれだが、多分、私の場合はあと五年くらいまでではないかと思っている。老いと片づけの関係は、体力、気持ち、モノとのバランスだ。

このバランスが全体に小さくなっていくのが、老いなのだ。

どうすれば、スッキリ暮らしができるのか

わが家を片づけて思うことは、自分が購入してきたモノなのに、どうしてモノがこんなにも多いのだろうということだ。

私は、時々海外ホームステイに出かけるが、どの国の暮らしを見ても、モノを少なく持って暮らしている。私たちが見習わなければならないことだ。

モノがあることは、何となく豊かになったような気持ちになる。しかし本当に豊かなのだろうか。モノを買おうとするから、かえって気持ちにゆとりがなくなるのではないか。豊かになるはずなのに、かえってあくせくしている。

海外の暮らしは、毎日同じ衣類を着ていても、キッチンに電化製品がなくても、同じ食事が毎日続いても、気持ちには余裕があって、楽しそうに自分がし

たいことを、自分のペースでゆったりとしている。これがシンプルな暮らしだと、私は思っている。

そうしたシンプルな暮らしを求めて、私の暮らしがどうすればシンプルになるのかを探している。

モノで膨らんだ暮らしは、収拾がつかなくなり、身動きが取れなくなる。

自分の暮らしに必要なモノは、どれだけで済むのか。必要最低限のモノとは何だろう。

暮らしに欠かせないモノがあるとしたら、それは、衣でもなく、寝でもなく、住でもない。身体を維持する食に関するモノが手放せないのではないか。母や先輩たちを見ていると、老いても食に関するモノはていねいに使い続けている。

冷蔵庫、まな板、包丁、ザル、ボウル、鍋、蒸し器、フライパン、お玉、菜箸、フライ返し、箸、スプーンとフォーク、食器、密閉容器、これだけだ。

今、わが家で多いモノと言えば食器だ。これはもっとシンプルにしていいだろう。もともと客用と自家用など区別なく使用してきたが、箸は旅館ができるほどあるし、食器だって料亭が開けるほどだ……。

これではシンプルとは言えない。現在の量の半分ほどでいい。老いてくると、食も細くなるという。細くなれば、冷蔵庫ももっと小さいもので間に合う。鍋も小さくすればいい。

ザルだって、好きな道具だから、つい大中小と揃えて幾種類も持っているが、大人数のお客を招いたりしなければ、それは要らない。

自分の老い暮らしを想像すると、手放せないモノは本当に僅かになってくる。

絶対に今の住まいは手放せないと思ってはいたが、もしかしたら、家移りをすることで、まだまだモノは確実に減らすことができるはずだ。

「小さくて、シンプルな暮らしのために、手放せないモノは何か?」と、これからはいつも自問していかねばと思っている。

その2

一筋縄ではいかぬ老いの片づけ

親も老いたが
周りも老いた

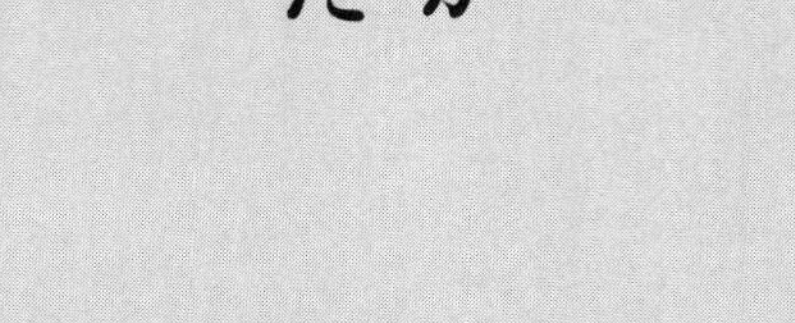

「まだまだ元気」が一番アブない

人は幾つになっても、自分は元気だと誰でも思う。しかし人間の身体機能は、年齢と共に衰えている。

手が上がらなくなった、足が思うように動かない、肩が凝る、首が回らない、靴下を片足ずつ履けなくなったといったことが現れると、それは身体機能が失われている症状だ。

それに気づいたとき、早めに機能を回復させる手立てを取っていけば、それほど機能の衰えを目立たせることはない。が、日々の暮らしに追われたり、目先にやることが迫っていたりすると、機能の衰えに気づくことなく年を取っていく。

また、トコトン体調が不良になってからでなければ、気がつきにくいこともある。

自分の年齢による身体的衰えの判断は、ある意味、自分にしかわからないようなところもある。

確かに、平均寿命は昔に比べると伸びてはいるが、ただそれにも個人差が大きいのが現実だ。

同居したり、近所で暮らしたりしている親と違い、遠くに暮らしていると、身体的衰えをキャッチしにくいこともある。年に一、二回、ほんの数日間滞在したくらいでは、年々どれくらい身体が変化しているかは、なかなか捉えようがない。

そのうえ、母のように、自分は元気だと思い込んでいるような人は、行き着くところまで行かないと、衰えが身体に出ない人もいる。

わが家は、家族が弟以外はみんな元気印だったので、年齢と共に身体機能は衰えているにもかかわらず、元気だとか、まだシッカリしているなどと、親の年齢を考えずにいて、うっかりと見過ごしてきた。

母が熱中症で倒れたとき、すでに八十九歳という年齢による身体の衰えを計算しておくべきだった。

だが父もそうだったのだが、八十歳過ぎまで元気で自転車を乗り回し、歯こそ抜けていたが病院に通うこともなく過ごしていると、元気で当たり前という気持ちが、家族全員の共通認識にもなっていたようだ。

母に対しても、元気で当たり前と思い込んでいたのだ。しかし身体機能は確実に衰えていた。それがわかったのは、四年後の三度目の入院でのことだ。

学習能力がない、経験を活かしていない、自分の弱点の研究をしていないないなどと、私がどんなに厳しく詰め寄っても、身体は正直なのだ。九十三歳の身体は、それこそ衰えているのだ。

だから、「前の二回より、今回はさらに問題です」と医師に言われて、

「シッカリしているようでも、年齢には敵わないのだ」

「母は確実に年を取ったのだ……」

ということが、遅まきながら私にもようやく理解できたのだ。リアルな母の姿が見えてきた。

しかし、それを本人はどう理解しているのだろうか。ここが問題でもある。

気がつけば、実家の周りの家も町も……

昨年（二〇一四年）二月に帰ったとき、近所の風景が変化しているのが気になった。

親しくしていた隣、裏、数軒先のお宅が、軒並み壊されている。更地になっているのだ。一昨年まではたしかに住んでいたのに、いったいどうしたのか。

聞けば、隣の人は長く一人暮らしをしていたが、次第に記憶が途切れるようになり、鍵をかけたかどうかさえわからなくなって、家族が世話に通っていたが、その後は入院生活となっていたそうだ。一昨年の秋に亡くなったということで、更地にして売りに出すという。

裏の家も、数軒先の家も、それまで住んでいた老人が亡くなられて、家族が土地を処分することになったのだそうだ。

母が暮らしている町は、老人の一人暮らしや老夫婦だけで暮らしている人たちが多い。その人たちが頼りとしていたのが、一軒しかない食品店だ。

その店は、私が学生の頃から野菜などの生鮮食品を扱って、近所の食生活を支えてくれていた。他にあった魚屋、肉屋、酒屋、雑貨店などは、店主の高齢化が進み、すべての店は早々と店仕舞いをした。

その地域で唯一残った食品店は、野菜だけでなく、その後には、肉や加工食品も取り揃えてくれて、老人暮らしには、そこに行きさえすれば何とかなる「お助けの店」となっていた。だが店主の女性も、私たちの知らないうちにかなりの年齢を重ねていたのだ。

その町に一軒だけの頼りの店の店主も、ついに今年になって体調が悪くなり、とても店を維持していくことが出来なくなっていた。家族と相談の結果、店を畳むことにしたという。それが昨年三月の末の出来事だ。

元気な子どもの声が聞こえていたのは、遠い昔のことだ。

町から離れ、都会に住むようになった私が、六十をとっくに超え、七十歳に近づいているのだ。あの町に暮らす人たちが年を取るのも仕方ないことだ。

何度となく、入院の度にお世話になった食品店主も、高齢と病には勝てず、見回せば、母だけではなく周りの人たちも老いを迎えていたということだ。

母と姉妹のように親戚付き合いをして、足しげく気軽に行き来していた彼女とその連れ合いも、考えてみれば八十三歳と九十二歳だ。そろそろ自分たちの老いと向き合う年齢となっている。

私も、親戚同様の彼女が若かりし頃からの付き合いなので、急に年を取って老いたとは考えたくないが、すっかり白髪になる、湯たんぽで火傷をする、食が細くなるなどに接すると、お互い老いていると感じざるを得ない。

若くて元気と、みんな思っていたが、年齢《とし》には逆らえない。年齢相応に周りも老いているのだ。

増加中！親より先に子どもが倒れるケース

親しい友人の母は、百歳で一人暮らし。

若いときに連れ合いを亡くし、子ども三人が独立した後はずっと広い家で一人暮らしをしていた。九十歳近くになったとき、息子のほうがガンで先に亡くなった。

その後は友人も、近くに住んでいる長女も、定期的に顔を出し、ご機嫌伺いをしていた。その頃から身体の動きが鈍くなり、ちょっと離れた風呂場やトイレへ行くのが大変になってきた。

しかし気丈な母親は、寝室近くに浴室やトイレを作るのを嫌がり、頑として抵抗し続けていた。

頭はシッカリして物事をよく見極めているから、抵抗を打ち砕くのは容易なことではなかった。何度も何度も説得を重ね、ようやく寝室近くの浴室とトイレ作りに同意させることに成功した。

出来上がってみると、母親はこんなに快適だとは思わなかったと喜んでいた。

当然のことだが、いくら一人暮らしとはいっても、百歳で、食事の支度から、身のまわりのことまで出来るはずがなく、ヘルパーさんや近所の方など面倒をみてくれる人の手を借りている。

長女と友人は、母のための遠距離支援に、定期的に欠かさず出向いていた。ところが一昨年の暮れ、友人のほうが倒れた。原因は血栓による脳卒中だ。緊急入院し、少々の麻痺が残ったがリハビリに励み、無事退院した。

まさか母親より先に自分が倒れるとは思ってもいなかっただろう。

時々、母親より私のほうが病気になるかもと冗談で言っていたが、実際になるとは誰が想像できるだろうか。母親が百歳なら、娘の年齢も推して知るべしだ。

気丈で、考え方は合理的、人を使うことが上手、決して無理をしない。それが長生きの秘訣なのだろう。百歳の気分がどんなものかぜひ聞いてみたかったが、友人が当分母親のところに行く気配がないから、聞けないままだろう。

きょうだいの役割分担

私の友人の一人は、兄が二人いて両方ともシッカリしている。経済的にも盤石だから、やさしい妹が職を辞して親の面倒をみることは当然のごとくであり、それは理想的な親の世話をする体制でもあるだろう。

シッカリした兄とやさしい妹の関係は、バランスが取れているので、娘はより母にやさしくなれ、兄は心配なく働くことが出来るから、親は安心して不自由なく最期を迎えることができる。

また別の友人は、親の引力が強かった。

数年前、親のどちらかが弱ってきたとき、その吸引力に引き寄せられるように親の世話をするようになった。

だが、彼女は引力だけに引き寄せられはしなかった。

東京での働きを振り切り、親の面倒をみるということなのだから、キチンと親との約束を取り決めた。つまり、支援に見合う経済的な支払いをしてもらっているのだ。

私はこれは当たり前のことだと思うが、人はそれぞれで、わが妹などはビックリ仰天している。親から支払いを受け取っているとは！　と。

親子の関係はいろいろで、親子だから、無償で子が親をみなければならないということもないと私は考える。

彼女には二人の兄がいて、その家族もいる。兄の連れ合いだから親の世話をしなければならないということはない。

兄の連れ合いの一人は、ガンで自分の健康も危うい。親のことより自分のこと、という気持ちになるのは当然といえるし、私でもそうする。

もう一人の兄の連れ合いは、何かと世話をしてくれている。両親揃っているときは彼女に代わってもらっていたが、母親一人になったら、母親は娘がいいということになった。これもわからなくはない。

そして彼女は引力に寄せられるように、親の元に戻ったのだ。

いずれにしても、家族が親の世話をすることで、この国は成り立っているようだ。

わが家は他とはちょっと違う。どのように育ったのか、育てたのか、あるいは大人になってからの環境がそうさせたのか、姉妹は自立心が強い。寄りかかりをよしとしない。

お互い近くに住んでいるが、母の緊急入院といったときには行き来はするが、そうでもなければ、遠くに住んでいるかのように、お互い顔を合わせることもしない。お互いがお互いの暮らしを大切にして、もたれかからずに生きようとしているからだ。

こんな姉妹に、病気になり気弱になるとドドッと寄りかかるのが母だ。われら姉妹は、時折、母の身勝手さに辟易《へきえき》したり、堪忍袋の緒が切れたりして、どちらかが先にギブアップする。

一回目の入院のときは、二人とも初めてのことで、慌ててお互いが協力して家を片づけたり世話を焼いたりしたが、その後二回目のときは、もれなく付いてくる息子（私には弟）を私たちより重視する母に愛想をつかして、妹がギブアップした。

以来、彼女は一年半ほど母に寄りつきもしなかった。その間は私が世話係であった。だが今回三度目の入院、しかも学習能力に欠ける母に嫌気がさしたのは私のほうだ。入院がわかっても一切手出しをしていない。今回は妹が世話に走っている。

こうして、私たち姉妹も、母という親に動かされているのかもしれない。仕方ないことだが、でもわれらにも暮らしがある。頼る人はいない。最期は当然としても、母にはそれまで自立してもらいたいもの、と姉妹は思っているのだが……。

親を支える子も年金世代

大学時代からの友人は、一緒になった連れ合いが転勤族。それも海外転勤で、三人の子どものうち、二人は米国国籍を持つ。

彼女が四十代後半になったとき、自分の両親と姑の介護支援が始まった。主な支援は姑のほうで、時折実家を支援していた。姑が一人暮らしだったからだ。

夫の兄弟も近くにいたのだが、母親がもっとも頼りにしていたのが夫であったので、友人は姑を心から支援した。

彼女が四十代のときは、親も病院には自分で出かけられ、食事や入浴の世話なども家族の手を借りるほどではなかったし、自分の体力・気力も充分あったので難なくこなせていた。

姑が九十代の半ばを過ぎる頃から、物忘れが頻繁に出始め、一人では暮らしが難しい状態になっていた。彼女は即同居を決め、九十九歳で亡くなるまで、支援を続けた。

その彼女曰く、「おばあちゃんには、学ぶことがたくさんあった。老いを身近で見続けることが出来てよかった」と。

身近で支援したからこそ、自分の老いも受け入れられるのだという。ただし、自分の娘、息子の連れ合いには、同じような負担はかけたくないとも話す。

もう一人、若いときからの友人は、五十代を過ぎてから会社での人間関係が負担となり、ちょうどその頃、九十歳近くになる母親が自宅で骨折して入院した。

骨折は治ったものの、運悪く寝たきりとなってしまった。

病院も三カ月で転院しなければならないところ、こちらは運よく退院せずに同じ病院で療養することとなった。

親の入院という事態でもあり、彼女としては寝たきりの母親の面倒をみることで退社を決断。その後、およそ七～八年近く、会社ではなく、毎日病院通いの日々となった。

そろそろ母親の預貯金が底をつくからどう工面しようかなと思った矢先、母親は九十八歳で永眠となった。

病院通いの間、彼女は旅行することも、付き合いをすることも抑え、ひたすら母親の看病に努めた孝行娘だった。

兄二人はいるが、支援は彼女一人が一手に引き受けていたと言う。それには経済的な管理まで賄っていた。

彼女にとって母親の看取りは、自分の使命でもあったという。後悔したくない支援を続けただけだと。

親を支援するには、支援を受ける親と支援する子の、深い信頼関係があればこそ成り立つ。

それに経済的なことも関わってくる。連れ合いがいるか、きょうだいの関係がしっかりしているかどうかなどで、支援体制も違ってくると思う。

ここで紹介した親子の例は、経済的にも余裕がある関係だ。支援で難しいのは、支援する側の金銭力ではないだろうか。十分な支援には経済は外せないからだ。

やさしい娘より冷酷な娘でいい

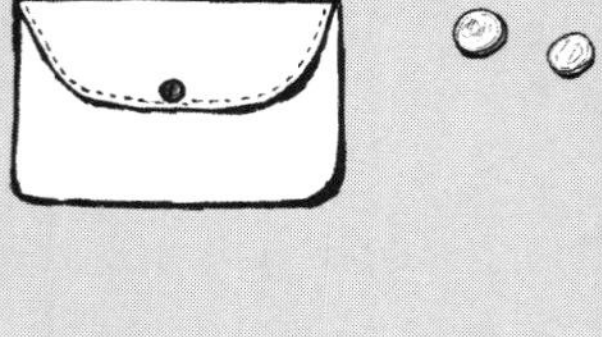

年金だけでは親支援もままならず

現在、母の暮らしは、年金で賄っている。

父が貰っていた年金の半額、それと企業基金にも加入していたので、多分総額は十七万円位になる。そこから、家賃（前に述べたが今も借家）、生活費、本人と長男の医療費、華道の学習費などを支出すると、手元に残らないだろう。

今もわが実家は借家である。前述したが、これには事情があって、父が元気なときに、自分たちの家を建てるつもりで違う場所に土地も買い、準備していた。

ところが、いざ建てようかというときになると、決まって家族や何かの事情で延期になり、タイミングを逃しているうちに両親は年を取り、住み慣れた今の場所を離れたくないということになってしまった。

大祖母の代から親しくしていた地主の土地で、場所柄土地が高く、買うことも改築もできず、いまだに家賃を払って住んでいるというわけだ。

家の光熱費は、長男の預貯金から支払っているので、そのぶんだけは軽くなっているが、それでもその額は知れている。

あるとき母が、

「いろいろと何度も新潟に足を運んでくれ、お金もかかったろうし、面倒をかけて悪いから、お支払いをする」

と一万円札を差し出した。思わず私は、

「おっ、有り難う！」

とお金をしまおうとした。すると母は、

「そこから三千円で、おつり頂戴」

と言う。

（えっ、三千円だけ？）

私は、受け取ろうとしていた手を引っ込めてしまった。

「老いては子に従え」とは言うが、「老いては子におぶされ」と言うわけではない。だが、わが家の母はドサッとおぶさってくることが多い。

特に毎月決まった経済支援をしているわけではないから、偉そうなことは言えない。

同じ一人暮らしの身、家計については想像なのだが、二人分の医療費もあり、十七万円ではトントンだと思っている。

それで、年一回の母の誕生日にまとまった金額の振り込みをして、経済的に少し支えている。

という私の経済もウカウカしてはいられない。予定より早く定期収入の道がなくなり、新たな道を確保したとはいっても、その金額は八万円。

年金の五万円と合わせても十三万で、母の年金分より少ないのだ。これで暮らしは賄っていけるけれど、母への支援はここからは出ない。

ということは、もっと働かないとダメで、母の支援など出来ないということだ。

フリーの仕事で働けばいい、と誰しもが思うだろうが、この仕事はちょっとやそっとで、いきなり増加することはない。だから、薬剤師の働きの時間を変えることにした。

といっても、ほんの三十分程度だ。それでも収入は一万円も違ってきた。

だから、これからも働くゾ！　と思っている。

「子どもに頼ってあたりまえ」なのか

昔、親は子を十五歳で一人前として認め独立させたが、現代ではいつ独立させるのかがとても難しくなっているようだ。

子を心配しない親はいないし、老いた親を心配しない子はいないのが現代だ。しかしこれでいいのか。互いに独立した親子関係は築けないのだろうか。

時々、ホームステイでお邪魔していたドイツ・フライブルクのロイポルツさんのところで、十八歳の若い女性と一緒に滞在したことがあった。

彼女は、フライブルク大学に入学するために、スイスから来た。十八歳は高校を卒業する年齢だ。

彼女と過ごして、同じ年齢のときの自分がいかに精神的にも、経済的にも独立していなかったか、知ることとなった。

彼女の家庭は両親が共働きだったので、幼いきょうだいの面倒は、彼女が一手に引き受けていたそうだ。料理から、掃除・洗濯など家事のすべてをし、そして高校にもきちんと通っていたそうだ。

彼女と話していると、ハッキリとした目的があって、フライブルク大学を選び、知り合いを頼ってはいるが、アパートを決めるときも、金額に見合った選択をしている姿に、精神的に自立していることを、私は感じ取った。

それは、親が子を思う感情や、子が親を頼る気持ちとはまったく違うもので、この年齢になるまでに、一人の人間として、キッパリとした生きるための物事の選択指針を培ってきたと言ったらいいだろうか。

そんな毅然とした自立心を持っているように、私には見えた。

一昨年末からお正月にかけて、ノルウェーの若い女性たちがわが家でホームステイしたのだが、彼女たちにもそれは見受けられた。

一人のお父さんと私は知り合いだが、ホームステイをするにあたって、お父さんからは一言の挨拶もない。すべて彼女が一人で挨拶し、希望を出してきた。そして、日本からインド、タイ、インドネシアなど、数カ国を五カ月かけて旅をした。

旅立たせるにあたっては、両親はとても心配して、出発前日は涙のお別れをしたというが、それでも自分で決めて、費用も自分で捻出してやってきた。

こうした自立心は、日本の女性（もしかしたら男性も）が持っている気持ちとはまるで違うのではないかと私は思っている。

若いときは親に、結婚後は夫に、そして老いては子や友に、という精神的な気持ちの拠り所《よりどころ》を、年齢と共に移し換えていっているのではないだろうか。

精神的に自立をしていれば、いつ、どんなときでも、物事の選択ができるはずではないのか。

それは死に向かってもそうなのだと、私は思っている。数年前母にどのような葬式をしたいか、あるいは、戒名をどうしたいのか、聞いたことがあった。

母の答えは、「別に……」であった。

別に……である。正直言って何だかがっかりした。自分の人生に真剣に向き合っていない答えでもあると思った。

私の親という立場ではあったが、一人の女性として、あるいは人間として、どのように生きていたいのか、それは逆に見るとどう死にたいのかということだと私は思う。

生きたい気持ちは、精神的な自立に繋がっている。

今をどう生きるか。

後に続く人たちにその背中を見せながら生きる。それが高齢になった大人たちの役割だと私は思うからだ。

最期は子に頼っていい。しかしその前に、自分の生きていく姿をシッカリと、子や孫、ひ孫に見せ続けていくべきではないのだろうか。

モノに埋もれた生活ではそれは伝わらない。

そのためにも片づけ力は必要なのだ。

高齢の母に「もれなく付いてくる息子」問題

独立した家計を持つことは、経済的な独立を意味している。

わが家の場合、母は独立して経済的にも自分の暮らしを成り立たせている。だから、親自身が負担になっているというより、わが家の負担は、実は「母にもれなく付いてくる息子」だ。

これは親自身が負担というわけではなく、親が子育てをするとき、どのようにして子の精神的自立を促したか、という問題でもあると私は思う。

子育てで、「ライオンは谷底へ子を落とす」と言われている。それは過酷な状況に遭遇させることで、子の独立心、精神的強さを育てるのだと理解しているからだろう。

ところがわが家の親は、手元に子どもを引き寄せたがった。それが唯一の男子、息子だ。従順でやさしい息子は、きつくて強い姉と妹の間にあって、多分したいこともあっただろうが、親元で暮らす選択をした。

といえばカッコいいが、選択肢を考えてこなかったのだ。親に逆らうよりいいとの判断だろう。いやもしかしたら、いずれ自分も独立すると思っていたのかもしれない。

しかし、親が老いるより先に、自分が病となった。ある日突然、それは誰も想像できず、出合ったこともない精神的な病を発症した。病名は「統合失調症」(その当時は「精神分裂病」)という、私たち家族には恐ろしいと感じられる病気にかかってしまった。それからは親がかりである。

病が小康を得ていたとき、親は自分が老いたときのことも考え、子の生活力教育をしておけばよかった。けれどもそれをしなかった。

これは親の責任だと思うが、母は不憫がるばかりで、後に残されるであろう息子に生活技術をつけさせることがどれだけ大切かを、頭では理解できても、もう体力的に実行できなくなっていたのだ。

わが家の家族は、普通の家族のような親子関係ではない。

母もなかなかの曲者で、その息子も一筋縄ではいかない頑固者だ。

この二人が生きるにはどうしたらよいか、これが私の老いてからの課題である。「もれなく付いてくる息子問題」は、これから先もずっと続くのだ。怯《ひる》んでばかりはいられない。

曲者と頑固者を相手に、私は彼らとともに、自分も含めて、生きる道筋をつけていかなければならないのだ。人生においても片づけ力・整理力は必要なのである。

趣味に夢中な母に「喝！」を入れる

母の趣味は華道である。たかが華道というなかれ。彼女にとっては生きがい以上とも言えるくらいの存在だ。

とにかく華道には、一生懸命のめり込んでいる。週一回はお稽古に欠かさず通っているが、それはお仲間とお稽古の帰りにデパートで昼食をしておしゃべりをするのが目的だから、稽古は口実だと私は睨《にら》んでいる。

そのお仲間とは数十年になるつき合いで、気心も知れている。お花の師匠より年長で、八十九歳で倒れるまで会計係までしていたというから恐れ入る。

つまり母がこのグループでの最年長だ。

それに華道の展覧会となると俄然張り切り、全力を傾けてしまう。自分が老いているということを忘れるのだ。

展覧会の途中で、血圧が高くなり、救急車で病院に運ばれたこともある。八十歳を過ぎると、男性でも体力が無くなってくるというのに、母はそれを知ってか知らずか、華道というとまさに血道を上げるという表現がピッタリなほどだ。

生きがいという言葉は、高度経済成長のときにはよくきかれた言葉だが、今やのんびり、ゆっくり、余裕を持って、という時代なのに、どうも逆行しているとしか思いようがない。

しかも稽古の他に、自分の華道教室を持っている。

それが二週間に一回。昔は自宅でしていたが、自宅では後始末が大変になってきて、学校の先輩が持つビルの一室を借り、教えている。

といっても、こちらもほとんど友人との茶飲み会だ。これまでご近所で親しくしていたり、学校の同級生だったりした親しい人たちと集まっている。

みんなで後片づけをして、ちょっとお茶を飲んでひとときを過ごす。楽しいのだろうなあ。

何事も、終えたあとが楽しい、というのはわからなくはない。私も月一回、同人誌の集まりがあり、合評、発表のあとの食事会がある。それが楽しいのはよく理解できる。

しかし、私ですら、月一回だ。

それなのに、母は全部合わせれば「月六回」だ。体力も、経済力も乏しくならないと言えばウソだ。つき合いにはお金が要るのだ。

一回目の入院で、こうした無謀な行動、体力消耗が発覚した。

非情な長女は母に「喝」を入れた。

1 自分の能力、体力、金力以上のことはしない

2 自立して、家族に頼らず一人で生きる

3 生きがいを持つのはいいが、分相応にする

そして、三度目の入院には次女が、冷酷に「喝」を入れた。

1　華道は趣味の分野、これを知るべし
2　学習能力がなさすぎる。自分の体力を知るべし
3　生活能力のない息子、自立させるべく突き放すべし

果たして、母に理解できているのかどうか……。

老いた年齢相応の暮らしがあるはずなのに、それを受け入れられないとは情けない。娘二人の説得にも耳を貸さないとなると、いったい誰が説得に当たればいいのか。

冥途から父を呼んでこなければならないかもしれないな。

ボケ防止？ 母娘の過激バトル

娘からみた母の性格は、

・頓着しない
・能天気でおとぼけのところがある
・他力本願
・それでいて、気丈、頑張り屋

しかし老いて、その性格は少し変わったのかもしれない。実家に帰っているとき、こんなことを頼んだことがある。

「私が通っている英語の先生が、この家に来たいって言っているんだけどいいかな？」

私は母の性格を知っていたから、気軽に、

「いいわよ〜」

という答えを当たり前のように期待していたが、違っていた。

「え〜、泊まるんでしょ、嫌だなあ」

昔なら、「誰でもどうぞ」だったのだが、これは老いている証拠かもしれない。自分の暮らしに他人が入ることを嫌がるのは、接待、もてなしということを、すぐに考え、面倒、億劫になってきている。

「もちろん、私だってそのときは帰ってくるし、私が全部世話するから。異国の人と話す機会もないから、いいんじゃないの」

とやんわり言っても、母の気持ちの中には、もはや「うわ大変！　泊まり客、面倒！　外国の人、疲れる！　嫌だ」が棲みついてしまったらしく、頑として、了解しない。

「そんな頑固な気持ちだから、自分のことばかりを優先することになるんだわ。私だって、いろいろ手伝っているんだから、少しは私の希望もきいてくれてもいいはずでしょ！」

と私は詰め寄る。すると、

「だって、外国人なんてそんな人知らないもの。別に私は用もないし、来てほしいとも思っていないから、いいわよ！」

と、しっかり応戦するではないか。

「日本の暮らし、それもずっと同じところに住んでいる人の暮らしを見たいっていうだけだよ。国際協力の一つとも言えるわけだから、そのくらい協力したって、罰は当たらないはずでしょ。なんでそんなに頑固なのよ！　もっと大きな目で、柔軟な気持ちを持ってくれてもいいでしょ。

それに経済的にも精神的にも、暮らしは私たちが考えていかなきゃあ仕方ないのに、ちゃんと自立すらしてないのに、よくそうやって拒否できるよね！」

と、私は最後の一言を浴びせる。

すると、母は頭を下げているのだ。ン？「謝っているの？」と聞けば、

「違う」

と言う。

「じゃ、何なの？」

と尋ねると、

「早く、その説教が通り過ぎてくれないかなと、通過を待っている」

と言うではないか！

呆れた私は次の言葉を失い、ただ笑うしかなかった。一事が万事この調子で、頑として聞き入れることはしない。

昔からこうしたバトルは、わが阿部家、というより私と親の伝統である。

父がいるときは、酒を飲んでは父とバトルを繰り返し、言いたいことを言っていた。父に浴びせた最後の言葉は今でも鮮明だ。父が「わが家の子どもは誰一人として、孫を見せてくれない」と言ったときだ。

まだ私も若かったので、「そんなこと！　世の中には、望んだってできないこと、たくさんあるって、働いてきたんだからわかっているはずでしょ。お前なんて死んじまえ！」

いやはや。こうした過激なバトルが、阿部家、いや私と家族の間では年中だったので、母も心得たものだ。バトルが始まると、「どうぞ思いっきりおやりください」とよく言っていた。

そしてどんなに私にキツイことを言われても、やさしい気性の父は本気では決して怒らないことを女房としてよく知っていたということが今になればよくわかるのだ。

母娘の過激なバトル、少しはボケ防止の刺激になったかもしれない。

老いたら人の手を借りずに暮らせない

「健康寿命」は、片づけ力とも関係する

老いてくる年齢は人によりいろいろだが、多くの人に訊いてみると、確実なのは、七十五歳過ぎてからのようだ。

どうも七十歳まではまだ大丈夫なのだが、半ばを過ぎた頃からそろそろ怪しくなるらしい。今でも私は怪しいから、七十歳が私の本格的老い始め年齢かもしれないと思ったりしている。

あと一年で八十歳、という先輩が言っていたことを思い出した。

「一人暮らしだと、人が来るっていうとき、慌てるのよね。

ついこの前は大変だったわ。急に友人が泊まりにくるっていうんだから、片づけ始めたのはいいけれど、時間がかかってかかって……それは大変。

自分でもショックだった。年を取ると、思っているようにサッサと進められないものね」

そういえばわが家も、来客用の座敷ではない、自分の空間として使っている居間は、散らかり放題になっている。もし急に人が来ることになったら、大急ぎで片づけなければならない。

そんなときに限って、仕事が立て込んで忙しかったりする。先輩のように、八十歳も近くなるとそれは大変だと思う。

老いて必要なのは、人の手ということかもしれない。母が八十九歳のときの最初の入院では、介護支援に関する話は医師からも病院のケアマネジャーさんからも出なかった。

だが、九十歳の二度目の入院のときは、さすがに必要だということを妹が言い出していろいろと準備をしてくれた。彼女は在宅ヘルパーとして働いているので、老人ケアについて知識だけでなく具体的なことにも詳しい。

法律的なことの処理、ケアマネジャーとの交渉などすべて彼女が中心となって運んでくれた。だから、私としては頼りになる妹なのだ。

そうして手筈が整い、実際に人の手が母のところに入った。すると母は、せっかく手を借りようと言っているのに、なんと自分勝手にヘルパーさんを拒否してしまったのだ！

自分ですべてできれば拒否もいいが、掃除、入浴など一人ではもはや不安だから妹が依頼したのに、勝手なことをした。

妹はすぐにでも母の元に行き、説得に当たると言っていたが、その彼女にガンが見つかり、本人が大変なことになってしまった。

これは、私にとっても想定外！　前兆などがなかったので、本人も気づかなかったのだ。

ああ、大変、どうしたらいいのか。

頼りの妹がガンになってもヘルパーさんを拒否する母

二度目の入院のとき、母の病名は、「肺炎、心不全、腎機能障害」だった。特に腎機能障害が問題で、先生からは食事療法がいちばんと説明される。本人も自覚していたようだが、どこまで理解できていたか。

食事となると、とても老いた母だけでは心もとない。それでそのときは、妹が即、介護支援の手配までしてくれた。支援内容としては主に食事作り、それと入浴支援だった。特に食事は大変だから、買い物などもお願いしたいと申し入れていた。

その食事作りを勝手に拒否したのだ。その理由というのがふるっている。

母に言わせるとこうだ。

「冷蔵庫を開けて、これは腐っている、こんなに汚くしている、賞味期限が過ぎていると、食べようとしているものまで全部捨ててしまい、もったいない。味噌汁を作ってもらったが、あんなのは料理ではない。出汁の味がぜんぜんしない。私のほうがよっぽど美味しく作れる。自分で頑張って、美味しく作って食べながら、腎機能数値も減らしていく」

そう言い張るのだ。頼りの妹はガンで手術。当分術後の体調管理に明け暮れて、母の説得には来られない。

妹の知恵を借り、私がケアマネジャーさんと交渉することになった。ケアマネジャーさんは、元看護師だけに医療に詳しい。腎機能障害を克服するのがいかに大変なことか。だからどうしても人の手が要ることを、妹の代わりとなって一緒に説得してくれた。

しぶしぶ母は入浴支援だけは認めたが、食事は頑として「自分でやる!」の一点張りだ。

そうなると、母の人生をどうやって動かしていいのやら……。

母が自分で判断するしかあるまい。そこまで言うのなら自立の意志は固いとみて、私は好きにさせることにした。

その代わり、「何があっても自己責任、泣き言は言わない、文句も言わない、寄りかからない」をよくよく説明して、母の納得いくような暮らしをさせてみることにした。

後で母が言うには、「ヘルパーさんとの相性が悪かった。何でも大雑把で細かくないので嫌だった」と言う。

とにかく人手が必要と私は簡単に思ったが、人と人とのことである。相性の良し悪しがあるのだ。

母の理想は、妹のようなヘルパーだということが、初めてわかった。だが、ひいき目かもしれないが、私から見ても彼女のように細かいところまで気がつくヘルパーは、多分そんなにいないだろう。ましてや実の娘である。

もっとヘルパー教育ということについても、支援される側からの要望、意見、指導などがあってもいいかもしれないと私は思った。

また母のように外で働いた経験がなかった人は、やはり他人に頼むということには慣れていない。用事を頼むとき、伝わりやすい話し方もあるのだろう。

自分とは違う人間がすること。やり方が違ってもそれでよしとするとか、要望通りにいかなくても程々でよしとするとか。実の娘だって、離れて暮らしていれば完璧にはいかないのだ。

他人が家にくるというのは自分の家の状態を客観的に見られるいい機会である。急に散らかっている家の中が気になり、片づけなければと思うのだ。ところがというか、だからこそ、「他人の手が入る──→家を片づけなきゃいけない──→面倒くさい、気が重い──→だから嫌」ということになりがちなのだろう。

老いの暮らしには、「段取り」と「割り切り」が肝心

他人が台所に入ることを生理的に嫌がる人もいる。だが母を見ていても、老いてからすべて自分でやろうと思うのはより難しい。どうしても家族の手が要る。

けれども事情によって、必要としているときに、手が差し伸べられない家族もあることだろう。

たとえば、遠く、海外や離れたところに住んでいる。一人っ子で身動きが取れない。子や孫など家族が少ない。生きるのに忙し過ぎる。子どものほうが病気などの理由で、家族の手が借りられない場合もある。

最近話題に上るのが、認知症になった人の消息がわからなくなり、とんでも

ない場所のケアホームで暮らしていたという話だ。

家族としては、四六時中見守っていたいが、現実問題として、とても毎日二十四時間見守るのは難しいのが実際だ。

私の弟が統合失調症を発病したばかりのとき、夜に眠らず、ふらりと出かけることが多かった。一緒に暮らしていたのは両親だったが、当時父は六十代半ばで仕事も持っており、夜の睡眠がとれず困り果てた。

そこでしばしの間、私のところに呼び寄せた。相変わらず夜寝ないで出かける。わが家からよく江の島まで出かけ、一晩中帰ってこなかった。

私は最初は心配して探したが、そのうち半ば諦めもした。縄をつけて縛りつけているわけにもいかないからだ。彼を自由にすることは、私にも気がラクなことだったからだ。

これと同じような状態が、認知症の人のふらり外出ではないだろうかと想像してみる。家族は心配だが、私と同じように、諦めも出るのではないか。

そんなときに必死で探す家族、あるところまでは必死だったが諦めた家族、最初から諦めている家族などさまざまだ。

探さないことを悔やむより、「何かあっても仕方なし」と覚悟したほうがいい。

でもその前に、人の手を借りたほうがいいのは絶対だ。

自分の家族だけでできなければ、今は介護制度に頼るのがいちばんだ。病人を含め、家族までも多方面から支えてくれ、見守ってくれる。これは家族にとってとても助かる。

「他人が家に入ることが嫌だ」などと、そんな悠長なことを言っている場合ではない。

家族の手が使えない人たちは、絶対に人の手を、お金を支払ってでも借りたほうがいい。私だって、何時、どのようになるかわからない。

もし、万一、身体の自由が利かなくなったときは、家族ではなく他人の手を借りようと考えている。

それには費用がかかる。そのためにも、身体と頭がシッカリとしているうちは働けるだけ働いて、貯めるだけ貯めておこうと思う。先立つものは無いよりあったほうがいい。

その
3

片づけ力を身につけて老いる

親の老いで変わる
きょうだいの関係

病気の息子と二人暮らしで入院した母

最初にも書いたが、母の最初の入院のときは幸いなことに奇跡的に病状が回復した。といっても先生曰く、「高齢者なので、すぐに退院というわけにはいきません」と言われた。

入院暮らしの期間の目途はすぐには立たないが、この暑さが収まる頃には、回復できるのではないか、ということで入院暮らしは三カ月ほどになった。

祖父の代から親戚づき合いをしてきた人が近くに住んでいたので、バスタオルや肌着などの洗濯をしたり、好物を運んでくれたりと、何かと世話をしてくれていた。彼女としては、身内みたいな存在の母を、放ってはおけない気持ちだったという。自分も病院通いをしているのに、ついでに立ち寄り、あれこれと手助けをしてくれた。

彼女が近くにいてくれたおかげで、遠くにいる私たち姉妹も頻繁に通うことなく、三カ月にわたる母の入院暮らしの様子を安心して知ることができたのだ。

それにしても母の様子がここまで悪くなるまで、一緒に暮らす息子は何の手も打たなかったのか。

ふつうは即、病院に連れて行く、救急車を呼ぶなどの対応を取る。

しかし、彼には、それができない。それは彼に統合失調症の病があるからだ。

彼の病気発症は、三十代前半からだ。そのときから、彼は両親とずっと一緒に暮らしながら入退院と通院を繰り返し、父が亡くなってからは母と二人で暮らしていた。母が熱中症になる少し前に、彼の調子がどうも悪くなったと母が訴えてきていた。

不憫な息子は守るべき存在ではあるが、自分でもどうしてよいか見当もつかないというとき、決まって遠くにいる姉妹に頼る母だ。

そのときも私は、早く主治医に相談して、手を打ったほうがいいと返事をしたが、母親の彼に対する見解と、姉である私の見解は違ったらしく、手を打たずに心労を重ねているうちに、自分が倒れることになったのだ。

母にとって、子どもは三人いるといっても三人三様で、それぞれが違う存在なのだ。

いつまでも世話はできない

私の弟は若いときに病いを患ったので、かれこれ持病と共に、二十年近くを過ごしている。完治しがたく、時折良くなったり、悪くなったりを繰り返している。

母が八十九歳で最初の入院をするまでは、一緒に暮らし、病も穏やかな状態だった。ところが急に病態が悪くなり、母の入院と同時に弟も入院して、すでに四年が経つ。

そろそろ穏やかな状態が戻ってきたので、医師は退院をということだったが、そういうときに限って受け入れの母が入院となって、なかなか噛み合わない。

医師が「そろそろ退院を」と言った背景には、病状が安定し、自分のことがある程度できるように練習の成果が出たからだ。

入浴をする、洗濯をするなど暮らしの日常動作ができるようになったというのだが、私からみると、出来ない日常動作のほうがほとんどだ。

まずは基本の、生きるための食事作りは皆目ダメだ。洗濯はできるが、買い物、掃除、整理整頓、片づけはまったく出来ない。

手を借りたいときにも借りられない男子、という存在である。

自分が母に頼ることは出来ても、母の世話をすることなど、到底無理なのである。

それでも、一緒に暮らしていたときには、ゴミを廃棄する、荷物を持つ、買い物や銀行に行くなどは出来ていたから、まるで出来ないことではないのだろう。いつ出来るようになるか、見通しがつかないだけだ。

今のところまったく頼れないのだ。

しかし、母にとっては、不憫な「子ども」なのである。

母が亡くなったら、一人暮らしさえもできないのではないか。

そうなったら、親として、この子をどうしようと、母は考えているのか。

これからシッカリと聞いておかなければならないが、母としては、姉の私がいるから安心と思っているのではないかと想像している。

私としても、ある程度の覚悟をして生きているが、母にもれなく付いてくる息子は、弟として今度は私に、もれなく付いてくるのかもしれない。

何とか一人暮らしだけでも身に付けてもらわなければ、こちらも年を取る。ウカウカしてはいられない。

子を想うなら、生活技術を仕込むべし

母にとって長女の私は、父亡き後の何かと頼る存在となっている。特に経済的な点では、寄りかかれるところでもあるのだ。

家を片づけたときも、「そうそうお姉さんにばかり頼ってはいけない」と、思い余って工務店さんが言ってくれるほどの頼り方だ。こんな母親は、世間を探してもめったにいるものではないと思ってしまうくらいだ。

母の気性は決して弱くないのに、なぜ、ここまで子どもに頼れるのか。

父がいるときは全面的に父だった。連れ合いが亡くなれば、当然、自分自身でしっかりとなるのがふつうだが、人に頼らなければ生きられないタイプなのだろうか。

そう言えば、叔父が同じタイプだったと先日従弟《いとこ》が話していた。とすれば、それは家系か、習慣か？　子どもがいる安心感をここまで持てる親はめったにいないはずだ。

母にとって息子の存在は、娘である私たち姉妹とは大きく違う。病いを背負う息子は、盲目的に守らなければならない存在なのだ。だから、母はすべての面倒を見てきたのだろう。

母も老いたが、同じように彼も老いてもう六十代半ば、自分で自分のことを一切しなければならないときが、近い未来に確実にやって来る。それももうすぐそこ、とは思っていないようだ。

そしてその結果、もっとも困るのは彼自身だということも、親であるがゆえに見えないのだ。

これも家系の話に通じるのだが、子育てのとき、夫婦で男子を手元に置こうと一致したのだろう。彼の自由意思に任せることなく、親の意思を通したのだ。

それは家系が続くようにとの考えだったとは思うが、果たしてそうか。

親の面倒を見てもらうためという気持ちはなかったか。

いや、まったくないとは言い切れまい。親の考えに素直に従った彼は、もしかしたら親の犠牲者と言えるかもしれない。

末娘の妹は、親からすれば二人分の子育て練習があったために、かなり彼女に対しては余裕とおおらかさがあった。末娘の可愛さは、母よりむしろ父にあったようだ。どちらかというと、父が妹を手放したくなかった。

だが彼女は三番目の自由さでサッサと独立し、介護ヘルパーの職を得て、今では老いた母が、老いと向き合うときの頼りとする存在となっている。

生き物は、必ず老いていく。老木、老猫、老人、地球上でその姿を見ないことはない。生まれたときから、老いに向かっている。両親も老いを考えて暮らしていたのではなかったのか。

私が知る限りでは、子のいない人のほうが、シッカリと老後を見据えているように思う。子がいる人は、子に頼ればいいと思っていないだろうか、わが母のように。

高齢母が息子の面倒を見て倒れるのがパターン

忘れもしない。昨年（二〇一四年）五月一日、母の三回目の入院のときである。弟から電話があった。

「お母さんが苦しそうに咳きこみ、食事ものどを通らない。自分はこれから病院に帰るので、誰かに、お母さんを病院まで運んでほしい」と。

私は、正直に言うが、「またか……」という思いを真っ先に持った。というのは、自分の体調不良がギリギリにならないと把握できないのが母だ。それに、倒れるのは息子を病院から一時帰宅させているときに限っている。

不憫な息子の世話を精いっぱいする。母自身はもう九十三歳なのだ。体力、気力ともに衰えている。無理をすれば必ず身体は悲鳴をあげ、回復不可能となってしまうのは目に見えている。

本人もわかっているはずだ。それを、息子のためと無理をしたのだろう、と想像はできる。が、何と、学習能力がないのか、腹立たしい。

五年前は熱中症だったが、その後の三年前にも入院している。

そのときは肺炎が酷く、そのうえ心不全も起こしていたので、先生から「万一のときは、どうしますか?」と聞かれたほどだ。

何の処置もしないというのが、本人も家族も共通した考えだ。

それが今度も肺炎を発症した。聞けば病院から一時帰宅中の息子が風邪だったという。それに加えて、趣味で生きがいの華道の展覧会で忙しく過ごし、体力の回復をみないまま、不憫な息子の世話に明け暮れたという。

体力は人それぞれに違いはあるが、すでに九十歳を超えている母が、私と同じような体力を持ち合わせているとは思えない。

六十代後半の私でも、ちょっと早起きの仕事があるとへばってしまい、その回復は遅くなっている。元は体力があったとしても、七十代、八十代のときとは違って当たり前なのだ。それを母は大いに過信しているとしか私には思えない。

何度も同じような入退院を繰り返し、家族だけならまだいいが、近所の人たちをも巻き込み、その度に騒ぎを起こさなければならないのだろう。

それが、老人というものなのか。

いやそうではあるまい。何くれとなく面倒をみてくれていて、姉妹のような親戚づき合いをしてきた人の連れ合いは、母と同じ年齢で持病を持つ身だ。

彼は自分の体調に注意し、妻にも負担をかけまいと日々努力している。そうした良きお手本を近くでみながら、母は何の学習もしていない、としか思えない。

今度も、緊急入院。病名は肺炎。

体調の少し落ち着いてきたとき妹が駆けつけて、こまごまと世話を焼いた。しかし何度繰り返しても、体験が身を結ばないタイプの人間はいる。それが母のタイプだとしたら、この先、このパターンでいつまで寄りかかられるのだろうか。

終わりが見えないだけに、「いい加減にしてよ!」と叫びたくもなっている。

もっと早くに話し合っておけばよかった…お金の話

私が失敗したと感じているのは、親が老いをどう考えているか、具体的に病気になったらどうするか、認知症などのときはどうしたいかなど、頭がクリアなうちに、きょうだいを含め、ハッキリと話し合いをしておかなかったことだ。

自分が老いるのは、想定し準備も多少はしていたが、家族の誰しもが老いることを考えていなかったのが、われながら迂闊というか大いに悔やまれる。

近所に住む親戚づき合いをしてきた家は、五十代を超えた子どもが二人おり、大阪と京都にそれぞれ家族を持ち、孫も家族を持つ身になった。両親は九十三歳と八十四歳になる。

わが家族を身近にしているからでもあるが、遠方の彼らは、最近足しげく両親の元を順番のように訪れ、片づけしたり掃除したりと、何くれとなく両親の世話を焼くようになった。

まだ五十代だから体力、気力、片づけ力、経済力も充実している。世話は細やかに焼いているが、話し合いはどうだろう。今でも両親は充分老いているが、これからはますます老いが進む。両親二人とも病を抱えているから、そのことを話しておかなければならないはずなのだ。

私とその老いた両親とは、叔父・叔母のような関係でつき合っているから、「大阪や京都に引き取られて暮らすのは嫌だ」と、私には話している。だが、子どもたちには、どう話しているのか。

それと重要なのは、経済的なことだ。

誰しもが考えたくはないが、万が一、もしケアホームに入るとなると、どれくらいの費用がかかるのか、現在の両親の経済はどうなっていて、貯えはどれくらいあるのか、病気がどこまで進行したらケアホームに入ると考えているのかなど、老いが進んでしまう前に家族で話し合いはしたほうがいい。余計なことだが、私が悔やんだことをしてほしくない。

いざというときになってあたふたと慌てる前に、考えられることは考えて、できれば準備の目印くらいはしたほうがいいと自分の失敗から思っている。

もう一家族、親しくつき合ってきた家がある。

両親は八十代半ば、子どもたちも四十〜五十代になっただろうか。父親が認知症でケアホームに入ったが、経済はすべて父親が握っていたので、母親は家の経済については何も知らされていなかった。父親がいつも言っていた通り、家には貯えがあると思い込んでいた。

しかし、ケアホームに入り費用が要るときになって、家には貯えなんてなかったことが発覚し、慌てて息子たちに相談したが、父親が超ワンマンだったゆえに、相談すら乗ってもらえなかったと母親が私に嘆いていた。

老いの終盤になって、こうした事態を抱えるのも辛い。ワンマンな父親なら、それを我慢しないで、ガツンと言ってやるくらいの勇気を持つことも子どもの役目だと私は思う。

老いては子に従え、と言うが、若いときに人間としての子の存在を認めずに、老いてからだけ子から吸い取ろうなんて、冗談ではない。

親子の老いてからの関係をよくしたいと思うなら、子ども世代が五十代から、親が七十五歳を過ぎたら、親子で話し合う努力を何度でも重ねることだ。もう少し後でいいかなと思っているうちに、気づいたら本格的に老いていたというケースもよくある。

もうそうなったら肝心な話や、人間関係も絡むような話はできないと思ったほうがいい。

いちばん聞いておきたい話にはたどり着けず、トンチンカンな話し合いになるのは目に見えている。

早め早めに話し合っておくに限る。それもきょうだいがいるのなら、なるべく一緒のときに。そうでないと「俺は（私は）、聞いていない」ということも起こる。

80歳までに考えておくべきこと

私の父方、二番目の伯母は、七十代になってから糖尿病が悪化し、目にも影響が出て、次第に見えなくなる状態になってきた。

伯父と共にキリスト教徒で、伯父は後年ガンを患い、手術などをせずにホスピスに移住することを選び、浜松市郊外のキリスト教関連の施設に移った。伯母も一緒についていった。

伯父はホスピスで亡くなったが、伯母は自宅に戻って来た。だが糖尿病が悪化し、自宅での一人暮らしがとても難しくなった。

隣の駅に住んでいた長男は、一緒に住もうと引き取ったが、伯母は自分の目が次第に見えづらくなることの原因は、目の病だと信じて疑わず、いくら糖尿病から来ることを説明しても納得しなかったし、長男の住んでいるマンション暮らしにも馴染もうとしなかった。

老いてくると判断力が鈍る。長男は親の家を建て替え、母親と共に元の家に移ったが、そのときには伯母の目はほとんど見えなくなっていた。伯母は自分の家に帰ってはきたが、すでに糖尿病は進み、認知症にもなっていたようだった。

食事を作ることはもちろん、片づけはまるでできなくなっていた。トイレも間に合わなくなり、歩行もおぼつかず、自分がどこにいるかさえハッキリしない状態であった。それから間もなく病院で伯母は亡くなった。

大学で上京したときから、伯母の家に毎週のように遊びにいっていたから、四十代の頃の伯母もよく知っている。伯母の老いていく姿と最期を見ていると、本当に老いてからの住居を探しておかなければならないと思った。その点、伯父は賢明だった。

子どもがいるならまだしも、子どもがいない者の一人暮らしにはある程度の限界があると思う。人により、一人暮らしの限界年齢はいろいろだ。

私が尊敬する吉沢久子先生は、子供はおられないが、九十七歳のいまだ現役での一人暮らし。身のまわりだけでなく、仕事のスケジュール管理などもすべてお一人でこなしている。

ここまでは無理だが、八十歳前までには最終の老い場所を探すことだ、と私は考えている。現状の住居で最終を迎えるのもよいが、デンマークで見た、少し病がある人のための病院併設のケアホームのようなところがあれば行きたいと思う。

ヤドカリが宿を替えるように、住むところを次第に小さくしていければいい。そして最後には、病院で死が迎えられたら理想だと、私は今思っている。

母が八十歳を超えたとき、母なりの考えを、私は五十代のうちにちゃんと聞いておけばよかったと思う。

判断力が低下した今聞いても、絶対に、自宅がいいと言うに決まっている。

片づけられないと
一人で生きられない

家族集合で建設的な話し合いになるはずが……

昨年（二〇一四年）の秋のことである。意図したわけではなかったが、タイミングが合い家族全員が集まった。

きっかけは入院していた弟の退院である。姉妹も休みが取れ一日うまく重なったのである。

久しぶりに皆でお昼を食べながら、話題は、九十三歳の母と六十五歳の息子の暮らしについてとなる。

「母さんは九十三歳だよ。無理すると倒れてまた入院する。死ぬかもしれないよ。だから、今までのように何から何までやってもらっちゃいけない。君もいずれは一人になるのだから、一人で生活できるようにならないといけない」。

続けて、「食べたものやゴミ、タバコは、自分で片づけること。できたら、ご飯を炊く、卵焼きを作るといった最低限の生活技術を身につけよ！」と、弟に言う。

母には、「息子だからと甘やかしては絶対にダメ。自分のことは自分でさせないといけない。息子のことを本当に思うなら、手を出すな！」と話をする。

だが、女きょうだい二人が口を酸っぱくして言っている間、母はじーっと黙っているだけで、まるで嵐が頭の上を過ぎ去るのを待っているという感じだ。

弟はボソッと、

「だって、俺は病気だから……」「クスリも飲んでるし……」。

私は先に帰ったが、残った妹によると、翌日、やはり元の木阿弥に。母はせっせと息子の好物を作り、なにやかやと世話を焼く。

優秀なヘルパーでもある妹は

「病気なのに、タバコはバンバン吸うわけ!? 何でも病気のせいにするな！母さんがちゃんと仕込まないから、こうなったんだ！ もうやってらんない！」

と言い置いて、さっさと東京に帰ってきてしまった。

声を大にして言うが、**家族全員が揃えば、建設的な話ができると思うのは大間違いである。**それぞれの思いも生活背景も違い、一致点を見つけるどころか、不一致を確認し、私たち女きょうだいの怒りと不安を深めただけで、「一家不団らん」「結論の出ない」時間は過ぎ去った。

家族だから、みんなで集まれば、自然にいい具合に結論が出ると思うのは幻想だった。

ついに恐れていたことが起きてしまった

十一月の初めのある朝のこと、私が起きるのを待っていたかのように電話が鳴った。嫌な予感がした。電話は弟からだった。

母が救急車を呼んでくれと言っているというのだ。パニックになっている弟によく聞いてみると、話はこうだ。

母は外出先で転び、そのときは大丈夫だろうとタクシーで帰ってきて、どうにか夕飯の支度をした。ところが夜中になって転んだところが痛くなり、こらえていたが痛くて寝ていられなくなり、明け方を待ち、救急車を呼んでくれと訴えたのだという。

彼はどうしていいかわからず、とにかく、私が起きる頃を見計らって電話をしてきた。

母は痛くてたまらないから、救急車で病院に連れて行ってくれと言っているのに、「そんな救急車など大げさなことはしたくない」と彼は言うのだ。

私は「すぐに病院に連れて行き、とにかくレントゲンを撮ってもらえ！」と指示を出したが、もたもたしているばかり。その間に、母はいつものヘルパーさんに自分で電話をしてとにかく病院へ行った。どうやら骨折しているらしい。

その日、私はまるで呼ばれたように、新潟で仕事があったのである。新幹線が新潟駅に着くと同時に主治医からの電話が入った。母が股関節を骨折しており、急いで手術をしなければならない。六時から手術を始めるが、二つ方法があると説明される。一つは金属ボウルを入れる方法。もう一つはボルトを入れる方法。「どちらになさいますか？」と聞くのである。

いきなりそう言われても……などと言っている猶予はない。現在の母の状況と体への負担度を聞いてボルトのほうを選び、その足で病院へ直行した。病院へ着いたのが五時半。手術が始まる三十分前に母に会うことができた。

母は激痛も収まり、案外元気で、病院へ来たからにはもう安心といったような表情だった。

母の顔を見たとたん、私は同室の人がいるにもかかわらず叫んでいた。

「ソコツモノ！」

転んだときの状況を聞くと、あれほどもうお花は少し休むと言っていたにもかかわらず、教室に通っていて、帰り道、肩にかけていたお花の荷物をちょっと直そうとした途端に、後ろに転んだというのだ。

だから、「転んだりしたら危ないから、もう辞めなさい」と周りからも言われ、母も「もう行きません」と殊勝に言っていたのにだ。呆れる。

全身麻酔の手術が始まる前、執刀医の詳しい説明を受け、言われた。「患者さんはご高齢なので、ご家族の方は、万が一、ということも覚悟してください」

覚悟は出来ていた。何があってもここまでくれば、それは母の寿命である。

「行ってらっしゃい」と母を見送った。

もう母には、息子を自立させるのは無理だ！

またもや、もれなく付いてくる息子のからんだ出来事である。自分の高齢も体力も顧みず、息子の世話を何くれとなく焼き疲労困憊の後、必ず倒れて入院というパターン。それも今回はいちばん恐れていた「骨折」である。

九十三歳で骨折は致命的である。寝たきりになることもある。無事手術は成功したが、問題はリハビリである。たとえ順調にいったとしても、以前と同じようには動けなくなるだろう。

母と息子が二人で暮らせば、結局母が世話を焼くことになる。しかし、今後はやろうと思ってもできないかもしれないのだ。そのとき、どうなるか？

母に、息子を叱咤激励して一人で暮らすための最低限のことを教え込むことなど、今さら出来るだろうか？

いや、母にそれを期待するというのはもう無理なのだ。

弟は、性格なのか、統合失調症という病気のせいなのか、こだわりが強い。こだわり始めたら、頑として人の言うことは受け入れない。

受け入れないというか、頭に入らないというほうが正しいかもしれないが、理屈で理解してもらうということがとても難しい。

その弟に、何度も何度も繰り返し、家事や片づけを教え込むというのは、途方もないエネルギーを要する。代わりにやってしまったほうがよほど楽である。

では、どうすればいいのか？

もし母に何かあったら、今のままで彼は一人で生きていくことができないのだ。もう母と息子を切り離すしかないのか……。

母と離れて一人で暮らす今こそ、最後のチャンスかもしれないと私は思った。

医師は、退院まで二、三カ月と言う。古い日本家屋、しかも借家のわが家はバリアフリーの全リフォームなど無理である。これまで通り、布団の上げ下ろしができるくらいしっかりとリハビリを終えてからでないと母の帰宅は難しい。

何とかギリギリまで入院させてもらい、その間に彼は一人で生活できる生活力をつけてもらうしか方法はない。が、果たして出来るだろうか。

たとえ少しでもやってみなければわからない。それでだめなら、そのときはまた考えればいいと決めた。

男の一人暮らしでわかった、人の生きる力

母の骨折入院で、弟の一人暮らしが始まった。

私はたまたま仕事が立て込んでいて、頻繁には帰れない。頼りの妹には仕事の合間を縫って帰ってもらいたいが、想像も出来ないほどに面倒のかかる相手にはあきれ果てて怒っているので、なかなか手を出さない。妹は私よりもっと過激な鬼軍曹だ。

一人になった弟は、お金が底をつくようになったり、母の様子が心配になったりして、不安になると、怖くてもまだ妹よりは話しやすい私に頻繁に電話をかけてくるようになった。毎日の報告もある。私が最初に確認することは、「ちゃんとご飯を食べたか」と「ちゃんと薬を飲んだか」の二つだ。

彼はご飯は炊けてもおかずを作ることは出来ない。食器を洗ったりの後片づけもできないわけではないが、取りかかるまでが遅い。好きなものは、菓子パン、コーヒー、ジュース。そしてヘビースモーカーである。これらは言われなくても近所の食品店へ自分で買いに行く。お金があれば、あるだけ全部買ってすぐに遣ってしまうのだ。

最初の一カ月はいくら言っても、「菓子パン・コーヒー・ジュース」のセットで薬を飲んでしまう。コンビニでもいいから、好きなおかずを自分で買って食べるようにと言っても、コンビニまでの道が遠いせいか、それとも選ぶのが面倒くさいのか行かない。

私がときどきポテトサラダやほうれん草のお浸し、レンコンのきんぴらなどの惣菜を作って送ってはいるが、それだけでは、タンパク質もビタミンも足りない。薬をきちんと飲むためにも、それらの栄養は欠かせないのだ。

コーヒーとタバコはもうやめなくていいから、その代わりジュースだけはやめろと言い、それは納得してやめた。聞けば、のどが渇いたときは水を飲んでいるという。そう！　それでいいのだ、水を飲めばいいのだ。かろうじて、リンゴとバナナは買ってくるようになった。進歩だ！

惣菜を送るには私だって体力もいるし、時間の都合もあるし、何より私も老いてきているのである。無理は出来ない。まとめて送金するとすぐに菓子パンとタバコに消えてしまうので、「もうお金がないから、送らないよ」と言って、少しずつしか送らないことにした。

私が作らないとなると、はて、どうしたものか？　食事は宅配しかないだろう。そこで、週三回夕食を地域の「まごころ宅配サービス」に頼むことにした。

最初、弟は「絶対俺は出来る！」とか、「そんな便利に流れてはいけない！」などと訳のわからないことを言って拒否した。

玄関を開けて受け取るだけなのに、知らない人と顔を合わせ、一言二言話すだけでもプレッシャーを感じたのだろう。変化を極度に嫌がるのだ。

しかし私の兵糧攻め戦術はてきめんで、背に腹は代えられぬ。しぶしぶ食べるようになった。

先日帰ってみると、案外、家の中は散らかっておらず、ゴミも捨ててあった。宅配サービスの器を返すのに洗うようになっていた！

一番びっくりしたのは洗濯物の干し方である。ピシッと伸ばしてキレイに干していたのである。そして教えられたように、乾いたものはたたんで引き出しにしまっていた。

何？　このキレイ好きは！　これは、整理整頓好きな父親の血を引いているのかもしれない。

片づける力は生きる力

母の入院で、病を抱えるその息子は、一人で暮らして、しぶしぶやるようになった。

変化はたった1ミリかもしれない。それでもいいと私は思っている。食べることで言えば、週三回は宅配サービスがある。そのほかの日はチンするご飯でいい。おかずは私が送るものと、好物のアジフライでもタラコ、缶詰でも何でも、毎回同じものでもいいから食べてくれればいい。

リンゴや柿などの果物は自分でむいて食べるので送ったり、自分でも買っている。冬になればミカンも食べるようになるかもしれない。わずかなビタミンでも食べれていれば何とかなる。

そして食後には薬をきちんきちんと飲む。

洗濯した衣類を着て、たまにはシャワーを浴びて清潔でいること。

基本的な金銭管理が出来ること。

一人で通院が出来ること。

病院帰りにマーケットで、決まった惣菜を買うこと。

これだけの狭い範囲でも、出来るだけでいいのだ。生活をパターン化して、それが身につけば、何とか一人の生活ができるようになるのだ。

使ったものは元の場所に戻し、それなりに片づけながら暮らすことが出来るのだ。

ほんのわずかの変化かもしれない。けれども私は、それは人の生きる力だと思っている。

出したモノを元に戻す。洗った食器をしまう。干した洗濯物を定位置にしまう。ゴミを捨てるなどの、ほんのちょっとでも片づける力があることは、微《かす》かな希望の兆しでもある。

ひょっとして1ミリ進んで10センチ後退ということがあるかもしれない。しかしやってみなければわからない。駄目ならそれはそのとき考えればいい。

さらなる問題は母だ。

母はリハビリで電話がかけられるようになると、日に何回も息子に電話をかけているようだ。

「ちゃんと食べているか？」

「お金はあるか？」

「どうしているか？」

これが今の母の生きる力であり、母を支えているのかもしれない。

母は三度目の入院以来、私が帰ると料理を全然作らなくなった。私が作るとあの母が、「私も食べていいかしら」と言うようになったのだ……。

母の家をどんなに使いやすいように片づけて、暮らしやすいようにリフォームしても、もともとモノを片づけながら暮らすということが母には身についていないし、それを今から期待するのは無理だ。

九十三歳、今まで頑張ってきたのだ。もう仕方がないのかもしれない。

その母が息子のこととなると、幼な子を抱えた母親のように本能的なスイッチが入る。

二人を切り離すことがいいことなのか、私にはわからない。骨折から回復しての退院後、母をこれまでの暮らしに帰すべきか、家族の老いとその生きる力を目の前にして大いに悩む東京の姉妹である。

おわりに
片づけは人の生き様そのもの

なぜかわからないが、「死」には暗いイメージがつきまとっている。だから死について語るとき、特に年を取っている人は、それはあなたが元気だからと言う。だが、本当に「死」は暗いイメージなのだろうか。言い換えると、死を語るのは、今を語ることだと、私は思う。今をどう生きるかを語ることだと。

人生は、プロダクト・ライフサイクルと同じだと私は思っている。つまり人間のライフサイクル（寿命）は、製品の寿命と同じということだ。

製品にも、老いが来る。たとえば二層式洗濯機は、すでに老いも終末期を迎えている。人々からは忘れ去られ、使用者も数えるほどしかいない。そうなると生産は打ち切りとなり、二層式洗濯機は死を迎えるだろう。

同じように人間も、三十～五十代の華やかなピーク時を過ぎると、六十代を境として、七十～八十代の老いの最終期がやって来る。

この老いの最終期は、ピーク時と同じではない。身体のどこかが痛み、故障してボロボロ、あるいは故障の影響が出て身体の自由が利かない。

親の老いる姿は、子どもにとって人生最終期の一番身近な手本である。しかし子供にしてみれば、面倒ややっかいごとは出来ることなら避けたい気持ちがある。これが正直なところだ。

自分にもどのような老いがやってくるのかは、誰にもわからない。そのとき、親の姿から学んだことを活かし最善を尽くすだけだ。

母の三回の入退院で、老いるということをシッカリと私は学んだ。片づけ力がぐんと低下することもこの目で見た。人生最終期の後半は、体力が急激に衰え、判断力も低下するのだ。老いこそ賢く生きなければならない。

最終期の最後は、無理はしないほうがよい。それには、家族、他人問わず、見守りの手が要る。その方法は現在ではいくらでもある。

これまで母は、自分ができることは自分でする、と人の手を借りることを拒んできた。けれども九十歳を過ぎたら、体力的に自分でできる範囲などしれたものになっているのだ。最終期の老いを想像して、人の手を借りたり、できることを縮小したり、便利なシステムを利用したりして、生きる力とも関連する片づけ力を出来るだけ失わないようにしながら、最後まで一人暮らしを満喫していくことが大切だと私は考える。

私の老いはこれから本番がやってくる。親の老いを手本として、賢く、面白い、人生の最終期を迎えたいものだ。

二〇一五年一月

阿部絢子

モノに振り回されない!
すっきりサイクル

特徴1	モノをしまう場所が、取り出しやすく 戻しやすい所に決まっている
特徴2	モノの数とスペースのバランスがよく、 余裕がある

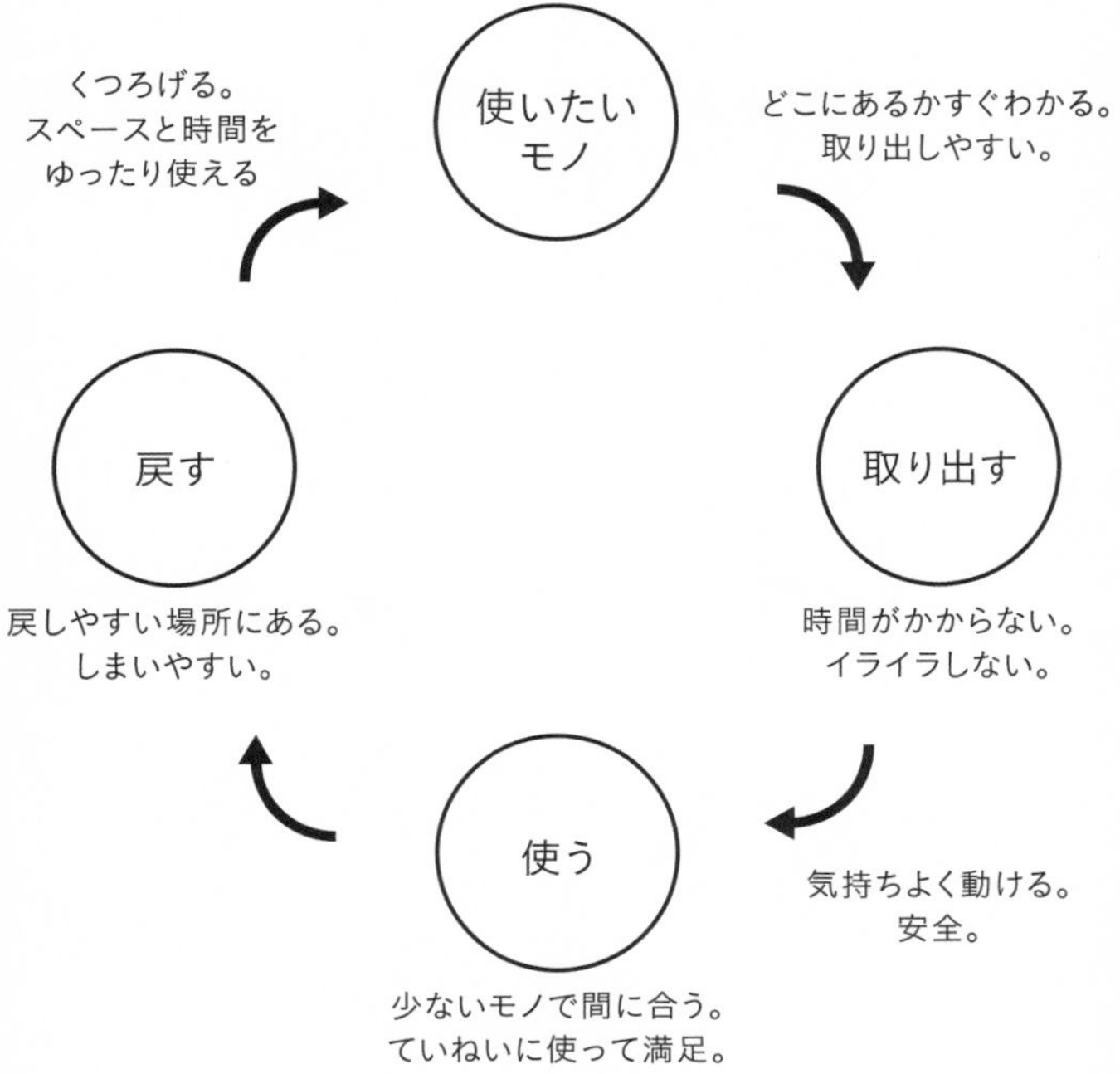
使いたい
モノ
どこにあるかすぐわかる。
取り出しやすい。
取り出す
時間がかからない。
イライラしない。
気持ちよく動ける。
安全。
使う
少ないモノで間に合う。
ていねいに使って満足。
戻す
戻しやすい場所にある。
しまいやすい。
くつろげる。
スペースと時間を
ゆったり使える

本作品は小社より二〇一五年一月に刊行された『老いの片づけ力』を改題し、再編集して文庫化したものです。

阿部絢子（あべ・あやこ）
生活研究家・消費生活アドバイザー・薬剤師。新潟生まれ。共立薬科大学卒業。洗剤メーカー勤務、百貨店の消費生活アドバイザーを経て、現在に至る。料理をはじめ家事など生活全般にわたる豊富な知識と合理的なアドバイスで、出版・講演など幅広く活躍中。70代になった今も快適な暮らしのノウハウを探求すべく、海外にホームステイに出かけている。
主な著書に『ひとりサイズで、気ままに暮らす』（大和書房）、『老いのシンプル節約生活』『老いのシンプルひとり暮らし』（だいわ文庫）、『ひとり暮らしのシンプル家事』（海竜社）、『案ずるより、片づけよう　住まいの老い支度』（講談社）、『おひとりさまの老後を楽しむ処方箋』（主婦の友社）などがある。

だいわ文庫

老親《ろうしん》の家《いえ》を片《かた》づける
ついでにわが家《や》も片《かた》づける

著者　阿部絢子《あべあやこ》

二〇二〇年一月一五日第一刷発行

発行者　佐藤 靖
発行所　大和《だいわ》書房
東京都文京区関口一－三三－四　〒一一二－〇〇一四
電話 〇三－三二〇三－四五一一

フォーマットデザイン　鈴木成一デザイン室
本文デザイン　高瀬はるか
本文イラスト　いわしまあゆ
本文印刷　シナノ
カバー印刷　山一印刷
製本　小泉製本

ISBN978-4-479-30798-3
乱丁本・落丁本はお取り替えいたします。
http://www.daiwashobo.co.jp